# 6秒の筋トレで、みるみる下半身がやせる本

境　貴子

PHP

# はじめに

私が「6秒の筋トレ」をはじめたのは、サロンのお客様との会話がきっかけでした。
「もっと、やせたい！」「女性らしいボディライン（胸）はキープしてやせたい」と、
皆さん、口をそろえておっしゃいます。
なかには、高額な費用をかけてダイエットに成功したけれど、
「あっという間に、リバウンドしてしまった」「胸が小さくなってしまった」
そんな辛い話も、たくさん耳にしました。
また、過度な食事制限に耐えられずに、途中で断念した方も多くいました。
そこで考案したのが「6秒の筋トレ」です。
無理な食事制限なしに、女性らしいボディラインをキープしたまま、
リバウンドすることなく、やせやすい体質をつくる方法です。
6秒間、やせたい部分の筋肉にギュッと力を込めるだけの、
誰にでも簡単にできる筋トレ法です。
サロンでは、さらに生活習慣の改善や、
食事方法の指導をマンツーマンで行い、

２カ月で11キロ減に成功した方など、大きな成果を上げています。
本書では、特に多くの皆さんが悩みを抱えている、
「下半身太り」の解消を中心に紹介していきます。
下半身太りは、約70パーセントが遺伝だといわれています。
何もしなければ、母親譲りの下半身太りの体質になってしまうかもしれません。
また、体の冷えやむくみは、筋力不足が原因になっていることが多く、
「6秒の筋トレ」は、「下半身やせ」につながる最適なトレーニング方法です。
太もも、ふくらはぎ、足首、脚全体などをはじめ、
ウエストやヒップの引き締めにも効果的です。
今まで、さまざまなダイエットに挑戦して上手くいかなかった方、
運動嫌いや体が硬くて運動に不向きな方、
時間も費用もかけられない方、とにかくやせたい方……。
特別な器具や場所も必要なく、ご家庭ですぐにはじめられます。
皆さんご一緒に、下半身美人をめざしましょう。

境　貴子

# もくじ

## PART 2
# 6秒で下半身やせ、基本とポイント



## PART 3
# 「ウエスト→ヒップ」を、徹底シェイプ！

## PART 4
## 「太もも→足首」を、徹底シェイプ！

PART 5

# やせ体質の生活習慣

# PART 1

# 6秒で下半身やせのメカニズム

## 「6秒の筋トレ」の効果は？

# 体重11キロ減、ウエスト11センチ減!!

　6秒の筋トレは、筋肉を鍛えるだけではなく、基礎代謝を上げる効果もあります。基礎代謝とは、生きていく上で最低限必要な、内臓を動かしたり、体温維持をしたりすることに使われるエネルギーのことです。特に体を動かさなくても、眠っているだけでも基礎代謝は行われています。そして残念ながら、基礎代謝は加齢とともに、確実に下がってきます。

　では、6秒の筋トレと基礎代謝の関係は、どうなのでしょうか。実は、筋肉には、血液を全身にめぐらせるという働きもあります。つまり「6秒の筋トレによって、筋肉量が増えます↓筋肉の働きが強くなり、血液（加えてリンパ）の流れがよくなります↓気がつくと、体全体の代謝が上がっています」。

　6秒の筋トレを続けることで、基礎代謝をアップさせ、誰もが望む「やせ体質」に変身できます。わざわざキツイ運動をしなくても、自然と体重を減らすことにつながるのです。サロンでは「6秒の筋トレ＋食事療法」で、2カ月で11キロ減、1カ月でウエスト11センチ減の実績もあり、私自身も2カ月で8キロの減量に成功しました。

## ６秒の筋トレで、
## やせ体質になる！

６秒の筋トレを続けると、
筋肉量が増える。

↓

全身の血液を心臓に送る
筋肉の働きが強くなる。

↓

血液やリンパの流れが
よくなる。

↓

基礎代謝がアップし、
やせ体質になる！

サロンでは、２カ月で、
11キロ減ったという
方々もいます。

キツイ運動をしなくて
も、自然に体重が減り
ます。

## 「6秒の筋トレ」って凄いの？

# Ｆ１レーサーや宇宙飛行士も活用

近年、さまざまな分野で注目を集めている「アイソメトリックス」。静止した状態で筋肉を鍛える「静的筋トレ」といわれるものです。本書でご紹介する「6秒の筋トレ」は、このアイソメトリックスの考え方を応用したもので、Ｆ１レーサーや宇宙飛行士の訓練でも活用されていることで知られています。

たとえば、Ｆ１レーサーはレース中、強力な重力の負荷と戦っています。ブレーキングやコーナリング時には、最大５Ｇの重力の負荷がかかります。５Ｇとは、体重50キロのレーサーならその5倍、２５０キロの圧力を体に受けている計算になります。ふつうの人なら、気絶してしまうほどのレベルです。こうした負荷に耐えながら、２時間近く、わずかなミスも許されません。

しかも、ドライビング中のレーサーは、大きく動かずにじっと負荷に耐えています。つまり、静的なアイソメトリックスの強さが求められているのです。これが、Ｆ１レーサーの筋力アップトレーニングに、アイソメトリックスの要素が活用されている理由でしょう。

宇宙飛行士も、大気圏脱出時に強烈な垂直の負荷に耐えなければなりません。さらに、さまざまな宇宙での作業に対応するための厳しい訓練も必要となります。

従来は、重力の小さい環境に長くいることで、筋肉と骨が弱ってしまうことが問題でした。宇宙では、地球上で寝たきりでいる状態の約2倍の速さで、衰えていくそうです。こうした衰えを防ぐために、宇宙飛行士が長期にわたって滞在する「国際宇宙ステーション」では、ＮＡＳＡの専門家によるプログラムによって、毎日約2時間ものトレーニングが行われています。その中に、アイソメトリックスを使った運動も含まれています。以前は、地球に帰還後、すぐには歩けない宇宙飛行士もいるほどだった無重力の影響も、徐々に解消されているそうです。

Ｆ１レーサーと宇宙飛行士、こうした花形職業をも支える科学的なトレーニング法を、やさしく簡単に実践できるように考えたのが「6秒の筋トレ」です。

### ほかの筋トレとの違いは？

# わずか6秒で、効率よく筋肉を鍛える

筋トレと聞くと、どのようなイメージを持つでしょうか。ほとんどの人が、ダンベルや特別な器具を使ったトレーニングを思い浮かべるでしょう。いわゆる、筋肉を曲げたり、伸ばしたりする筋トレは、「動的筋トレ」と呼ばれているものです。

これからご紹介する「6秒の筋トレ」は、これとは対照的なものです。筋肉を動かすことなく、一定の負荷をかけていく「アイソメトリックス」という筋トレを基本にした、「静的筋トレ」です。

6秒の筋トレをきちんと理解していただくために、筋肉が鍛えられるシステムから説明していきます。筋肉の中にある筋繊維は、①5秒以上の力を加えられると傷つき、②6秒以降から筋肉の修復がはじまります。このとき自然に傷を回復していくだけでなく、実は前より強い筋肉になっていきます。この性質を利用して、筋肉をわざと少し傷つけ、より強くしていく……これが筋トレのしくみです。

そして、筋繊維に圧力を加えて傷がつきはじめる「5秒」に着目したのが、6秒の筋トレ。ほんのわずかな時間で、無理なく筋肉が鍛えられるトレーニングです。

## 6秒の筋トレは、最短の時間で、効率がいい

### ダンベルは、「動的筋トレ」

- 筋肉を曲げ伸ばしする
- ジムに通わなければならない
- 時間がかかる
- キツイ運動
- ムキムキになる

### 6秒の筋トレは、「静的筋トレ」

- 筋肉に一瞬、力を加える
- いつでもどこでもOK！
- 最短の時間でOK！
- 無理のない運動
- ムキムキにならない

## 筋肉に圧力をかけて「筋繊維」を壊す

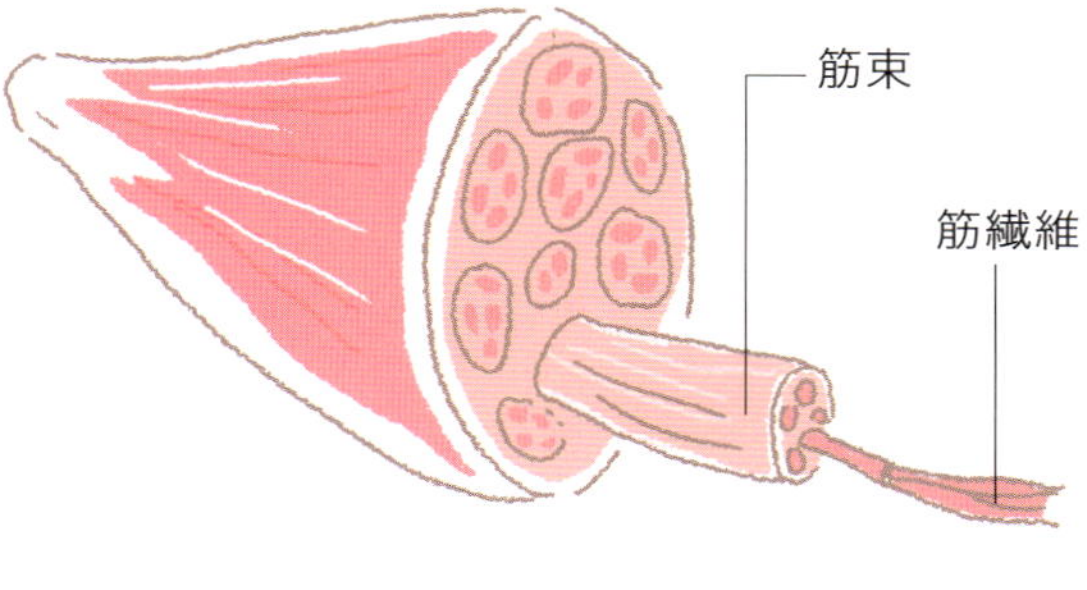


筋束が集まって、筋肉が構成されています。筋束の中には筋繊維があります。6秒の筋トレによって、筋肉に圧力をかけて「筋繊維」を壊します。

## 毎日続けなければいけないの？

# 1日「6秒×5回」、2〜3日に1回でOK！

皆さんからよく「本当に6秒で効果があるのですか？」と聞かれます。先ほども説明したように、「5秒を超えたあたりから筋肉が傷つくという科学的な根拠があるので最低6秒間、続けてください」と答えています。

では実際に、「1、2、3……」と頭の中で数えてみてください。どうですか、意外に長いと感じた人も多いのではないでしょうか。ただし、無理せずに余裕のある人は、6秒以上続けても大丈夫です。

私のこれまでの経験から、ひとつのポーズにつき「6秒×5回」の法則を導きました。ただ、一度にまとめずに、1日のうちに5回行えばいいルールです。たとえば、朝1回・昼1回・夜3回と分散させてもOKです。

6秒とはいえ、全力で行うので、かなりハードです。いくつかのポーズも組み合わせますので、自分のペースで行うのが、長続きするコツです。

また、筋肉の損傷は、約24〜48時間で回復します。このことから、最近の研究では、筋トレは2〜3日に1回でも十分に効果的であることがわかっています。

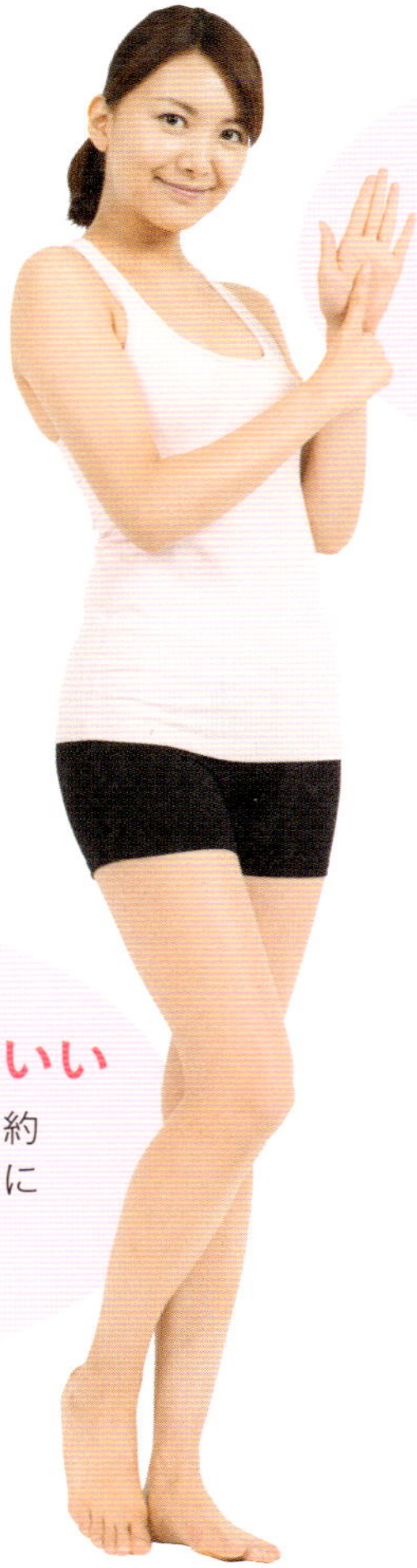

### 1ポーズ6秒×5回

5回は一度にまとめて行うことはありません。1日のうちで分散させてもOKです。

### 2～3日に1回でいい

損傷した筋肉の回復は、約24～48時間。2～3日に1回行いましょう。

### 「○○しながら」「○○のついでに」

6秒の筋トレは、いつでもどこでも手軽にできるだけに、つい忘れてしまうことがあります。そこで、いつも「必ずすること＋6秒の筋トレ」を行うのがコツです。たとえば、音楽を聴きながらとか、部屋の掃除のついでにすれば、習慣づけることができます。

## 下半身のどこに効くの？

# 部分やせに最適。下半身を集中シェイプ！

欧米人は太っているように見えても下半身はやせていますが、日本人は「洋なし型」で下半身の悩みを抱えている人が多いようです。サロンに通っているお客様も、下半身太りを気にしている方が圧倒的に多いです。

同じ下半身の悩みでも、気になる部分は人によって実にさまざまです。ウエストだったり、お腹まわりだったり、太ももだったり、足首だったり……。体重はそれほど重くないのに、どんな服装をしてもスリムに見えないのは、おそらく下半身が太っているからです。

あなたの下半身で、気になる部分はどこでしょうか。6秒の筋トレは、ひとつの筋肉に集中的に力を込めるトレーニングです。つまり、気になる部分に直接アプローチして、徹底的にシェイプアップすることができます。もし、いくつか気になる部分がある人は、組み合わせて行う方法もあります。

憧れのミニスカートもパンツスタイルも、すっきり着こなせるようになるために、6秒の筋トレをスタートしましょう。

## 気になる下半身を、徹底シェイプ！

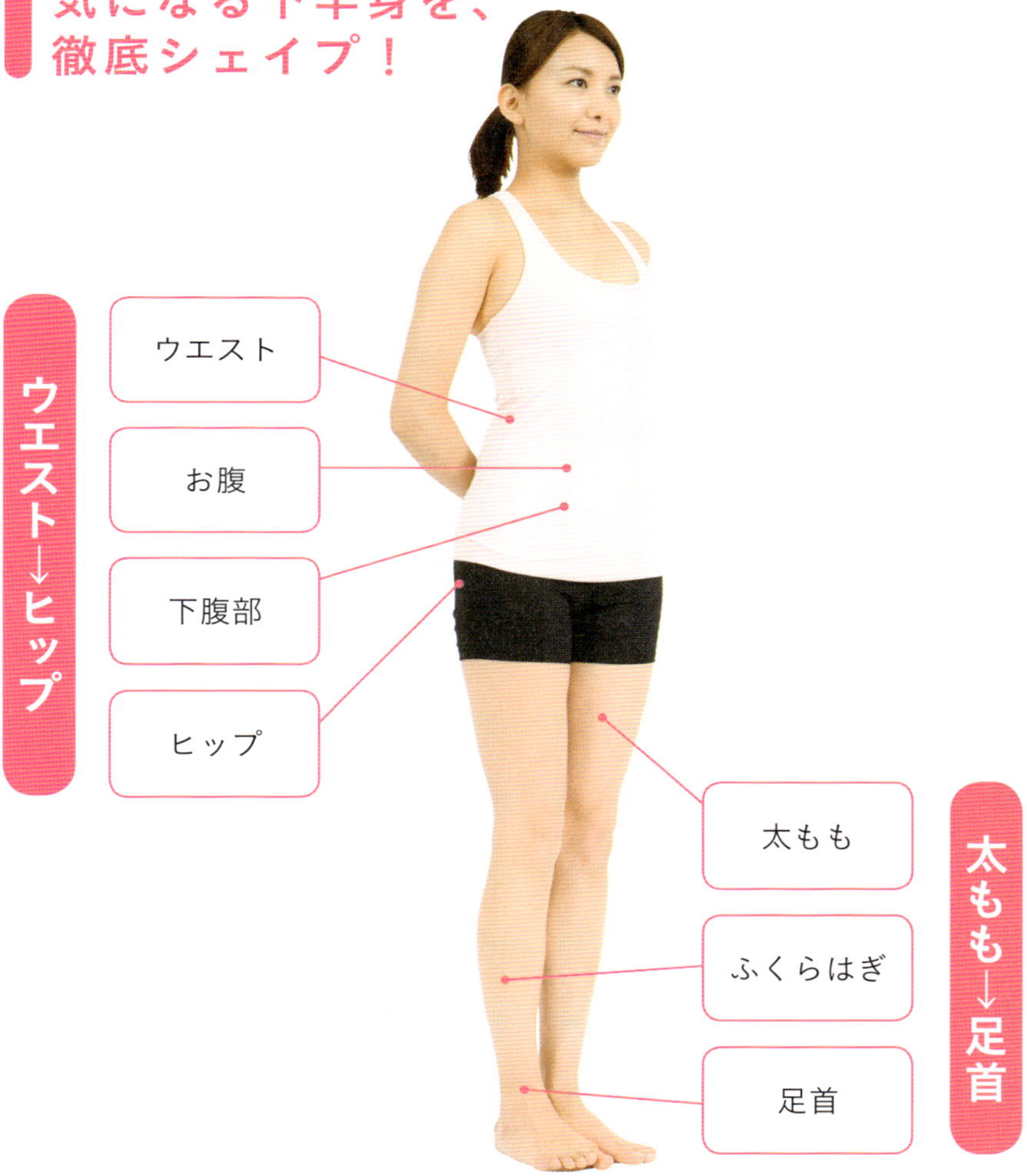


### ひざまわりは、リンパマッサージで

ひざがぽっこり出ていたり、ひざの上にムダ肉がついている人も多いものです。この部分だけにアプローチするのは、筋肉の構造上、6秒の筋トレでは難しいため、リンパマッサージ（p.78 参照）を行います。

コラム❶

# 下半身太りって、遺伝するの?

ちょっとコワイお話。両親がそろって肥満体質の場合、子どもが肥満になる確率は約80%だとか。また近年、肥満に関連する遺伝子の研究が世界中で進み、100種類近くの遺伝子が候補に挙げられているそうです。

なかでも、すでに定説となっているのが「UCP-1（アンカップリングプロテイン遺伝子）」の働きです。この遺伝子の変異型を持つ人は、太ももやおしりに脂肪がたまりやすく、上半身に比べて下半身が太りがちになります。理由はこの遺伝子を持たない人と比べて、基礎代謝量が1日に100kcal低く、脂肪の代謝が悪いせいだと考えられています。

そして、日本人の約25%（4人に1人）がこの変異型の遺伝子を持っているのです。「あっ、そういえば、私の母も下半身が……。これは遺伝なのかしら」と、いま少しショックを受けたあなた、まだあきらめるのは早いですよ。

遺伝以上に、体質に大きく関わっているのが環境です。食事やライフスタイル、運動などの生活習慣を見直せば、たとえこの遺伝子を持っていたとしても、下半身太りとさよならできます。

6秒の筋トレも味方にして、UCP-1に負けない下半身をつくりましょう。

# PART 2

# 6秒で下半身やせ、基本とポイント

## 基本の姿勢って？

# 正しい姿勢が基本

まず、6秒の筋トレを実践するときの「正しい姿勢」を覚えます。間違った姿勢のままでは、筋肉にきちんと力が伝わらず、効果も期待できません。

　また、正しく美しい姿勢は、すべてのトレーニングの基本となります。

　鏡の前で、自分の姿勢をチェックしてみましょう。人間の体はもともと

### 立つときの姿勢

正面

横

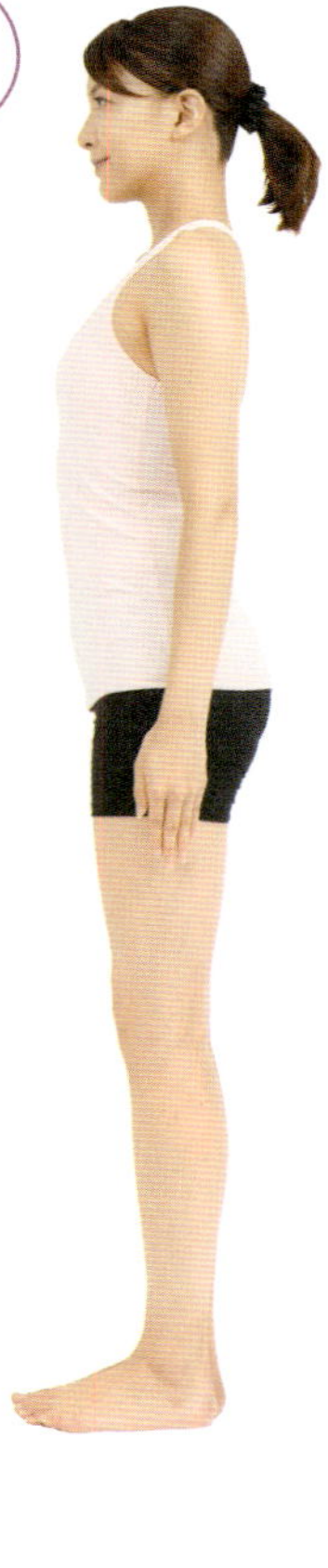

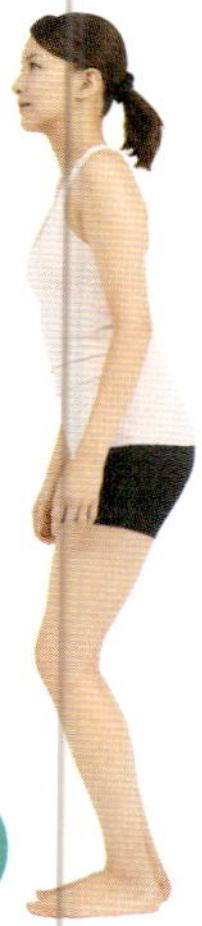

NG

**腰が曲がり、ひざが出る**

体全体の筋力が低下してくると、腰が曲がって、ひざが出てしまい、「北京原人」タイプになります。

の骨格にゆがみがあることが多いようです。さらに、いつも同じ側の肩にショルダーバッグをかけるといった生活習慣や、利き手によっても、ゆがむ方向が違ってきます。

じっくりと自身の姿を観察して、正しい姿勢にしていくことからはじめましょう。

## 座るときの姿勢

正面

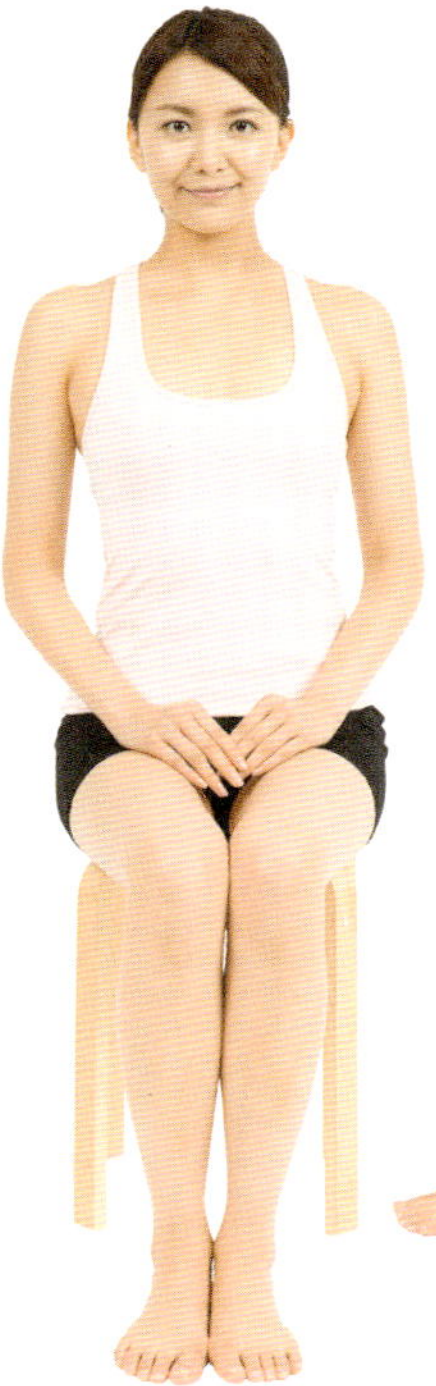

横

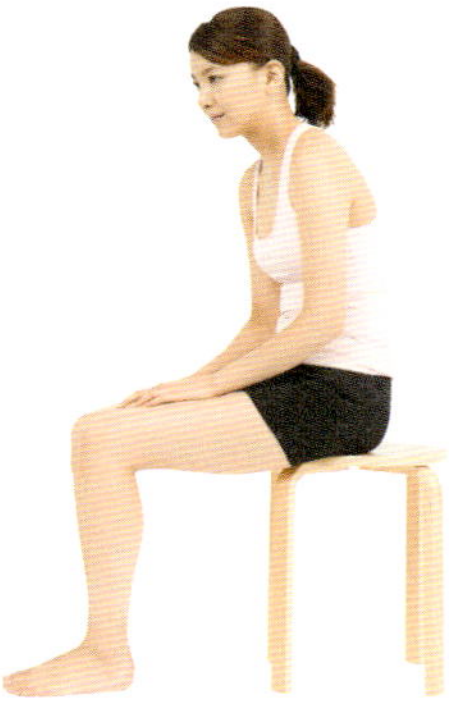

NG

**首が前に出て、猫背になる**

食事のときや、パソコンに向かったときに、首が前に出て、猫背になる人が多いです。

## 立ったときの呼吸法は？

# 「6秒呼吸」をマスターする―立つ編

6秒の筋トレを行うときに、しっかりとマスターしてほしいことが「呼吸」です。

6秒の筋トレでは、力を入れるときでも呼吸は止めません。ダンベルを持ち上げるなどの「動的筋トレ」との大きな違いです。

6秒の間、大きく息を吸いながら力を入れます。そして次に、息を吐き出しながら力を抜いていきます。このゆっくり大きな動作で行う「6秒呼吸」ができるよう練習しましょう。胸や肺を、空気でふくらますイメージで行います。

**1**

**まっすぐ立ち、足を肩幅に開く**

足を肩幅に開き、つま先は少し外側に向ける。両腕は自然に下ろす。

## 「6秒呼吸」だけでも、代謝がアップ！

朝起きたら、まず「6秒呼吸」をしましょう。それだけでも、代謝がよくなり、エネルギーの消費量が増え、やせ体質につながります。

ポイント

**風船をふくらます感じで**

肺の中いっぱいに、空気を送り込むようにします。

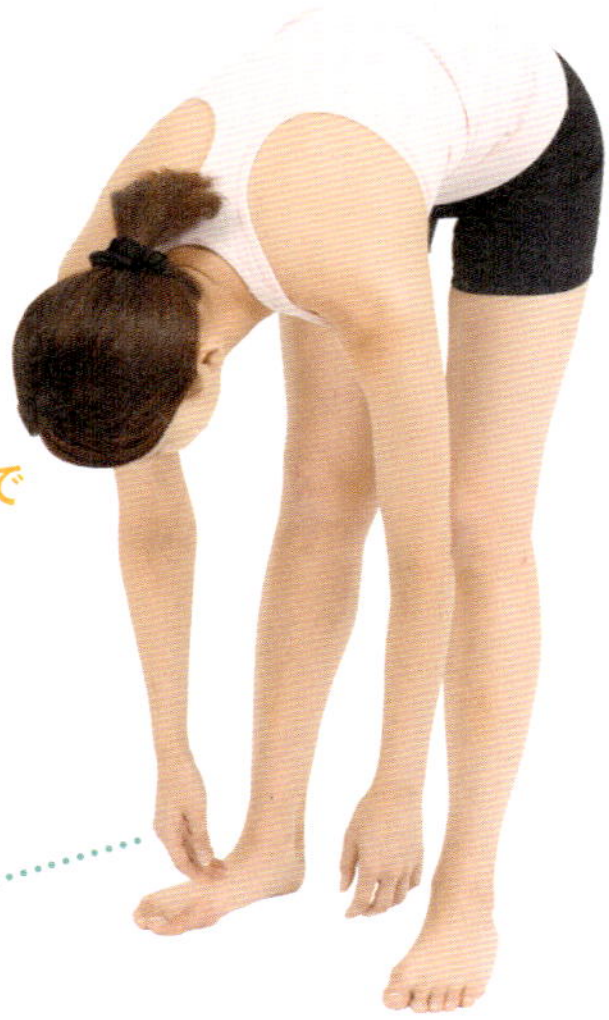

ポイント

**風船がしぼむ感じで**

肺の中の空気を、すべて吐き出します。

アドバイス

指先を床につけるほど、無理に前屈しなくてもいいです。

## 3

### 6秒で息を吸う 上半身を起こす

6秒かけて、鼻から息を吸いながら、体を起こしていき、最後に両腕を広げる。

## 2

### 6秒で息を吐く 前屈する

6秒かけて、口から息を吐きながら脱力していき、上半身を前に曲げる。

座ったときの呼吸法は?

# 「6秒呼吸」をマスターする――座る編

6秒の筋トレは、立つポーズと椅子に座るポーズが基本になります。座ったときの「6秒呼吸」も、立っているときとあまり変わりません。

ただ、座っているとお腹に力が入れにくいので、少しひざを開いて座ると呼吸がスムーズになり、6秒の筋トレが効果的になります。

**アドバイス**
椅子には、浅めに座るのがコツです。深く座ると、体を前に曲げにくくなるからです。

## 1

### 椅子に座り、両手は下ろす

椅子に座り、両脚を開き、つま先は少し外側に向ける。両腕は自然に下ろす。

ポイント

**風船がしぼむ感じで**

肺の中の空気を、すべて吐き出します。

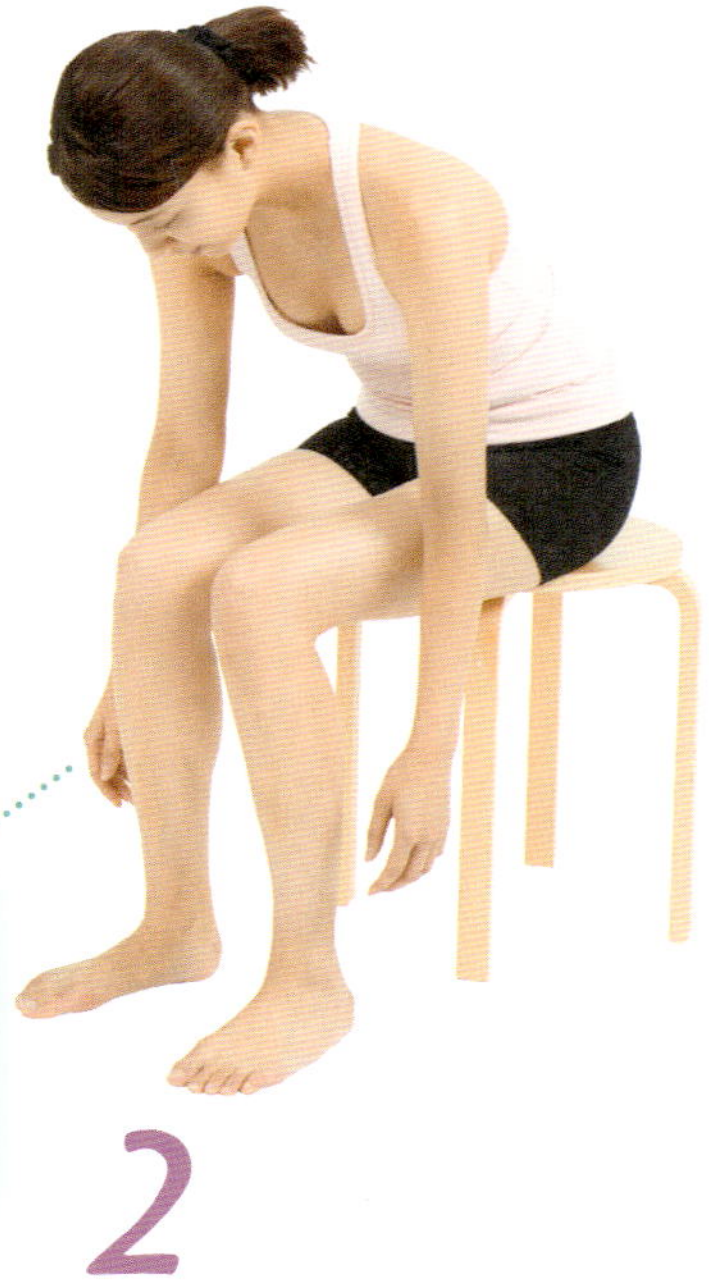

アドバイス

指先を床につけるほど、無理に前屈しなくてもいいです。

## 2

## 6秒で息を吐く 前屈する

6秒かけて、口から息を吐きながら脱力していき、上半身を前に曲げる。

ポイント

**風船をふくらます感じで**

肺の中いっぱいに、空気を送り込むようにします。

## 3

## 6秒で息を吸う 上半身を起こす

6秒かけて、鼻から息を吸いながら、体を起こしていき、最後に両腕を広げる。

## 力のコントロールの仕方は？

# 力の「入れ方↓抜き方」をマスターする

「6秒呼吸」ができるようになったら、筋肉への力の「入れ方↓抜き方」をマスターしましょう。では「6秒呼吸」＋力の「入れ方↓抜き方」のコツを説明します。

**①6秒の間、大きく息を吸いながら、筋肉に力を入れていく。**

**②6秒の間、ゆっくり息を吐き出しながら、筋肉の力を抜いていく。**

このとき、やせたいのは下半身のどの部分かによって、力を入れる筋肉が違ってきます。鍛えたい（やせたい）部分がどこなのかをきちんと意識することが大切です。ＰＡＲＴ３以降では、必ず力を入れるべき筋肉をイラストで掲載していますので、ぜひ頭に入れて筋トレを行いましょう。

もうひとつ、とても重要なポイントがあります。6秒という短い時間ですが、力を入れるときは、手を抜かずに全力を出すこと。はじめたばかりのころは、少し筋肉痛になるくらいがちょうどよいでしょう。

最後に、力を入れた後は、筋肉をゆるめる時間も必要です。6秒のサイクルで、「力を入れる↓力を抜く」、このリズムが筋肉を効果的に鍛えていきます。

## 鍛えたい筋肉の収縮状態を全力でキープ！

**ポイント②**

### 全力で力を入れる

最初の１週間は、少し筋肉痛になるくらいが目安です。

**ポイント①**

### 鍛えたい筋肉を意識

やせたい部分に、意識を集中して行うと効果的です。

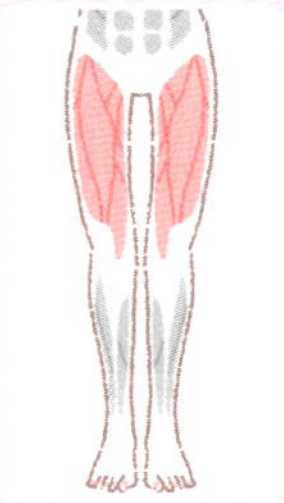

**ポイント③**

### 力をゆるめることも必要

少しずつ力を抜いて、完全にリラックスします。

### 筋肉に力を入れるとき息を止めてはいけない

６秒の筋トレをするとき、息を止めてしまうと、血圧が急上昇します。特に高血圧の人はとても危険なので、注意が必要です。もし、息が６秒間続かないときは、自然な呼吸を心がけるようにしましょう。２秒ずつ、吐いて吸っての繰り返しもいいです。

コラム❷

# 下半身太りに、なりやすい人がいる

インスタントラーメンやスナック菓子を、多く食べていませんか。塩辛い食べ物にはナトリウムが多く含まれています。ナトリウムは、体の水分を溜め込む性質がありますので、下半身のむくみにつながりやすいですね。

また反対に、野菜、フルーツ、海藻に含まれるカリウムには、体の水分を排出する効果があります。塩分を摂りすぎたときは、これらをたくさん食べることをおすすめします。

また、食生活以外で気をつけたいことが、意外にも、歩き方や姿勢の悪さです。たとえば「すり足」に近い歩き方をしていると、足首の関節や筋肉があまり使われないため、足が太くなる原因になるともいわれています。

自分ではなかなか気がつかないのが、姿勢の悪さです。知らず知らず、偏った姿勢を続けたり、いつも背中が丸まっていたり……。一番の問題は、こうした姿勢の悪さが血流やリンパの流れを悪くし、脂肪や老廃物を偏ったところに溜めてしまうことです。そう、たとえば下半身に！　思い当たりませんか。

# PART 3

# 「ウエスト→ヒップ」を、徹底シェイプ！

# ウエストをキュッ！①

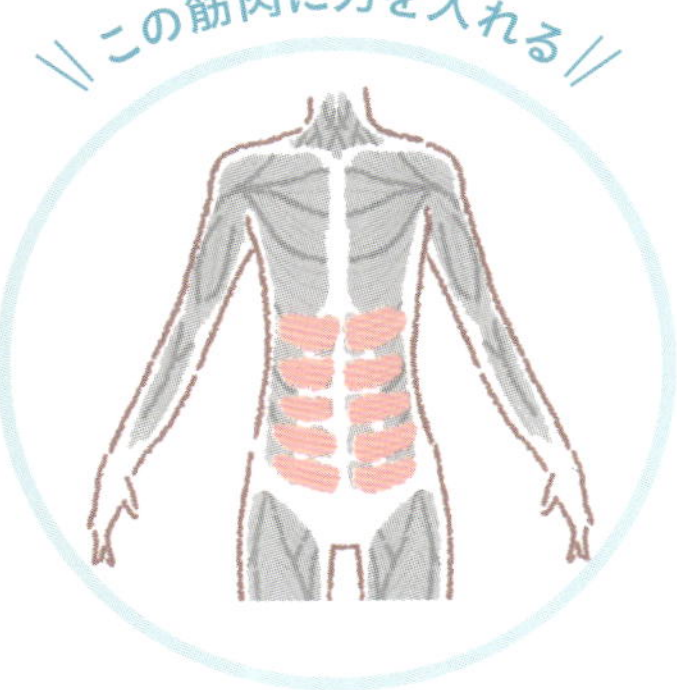


おなかを凹ませ、ウエスト全体も引き締める「腹《ふく》横《おう》筋《きん》」。この筋肉を意識しながら、おへそを引っ込ませます。

## 1 まっすぐ立ち、つま先は開く

両脚を閉じて立ち、かかとをそろえ、つま先は90度に開く。両腕は自然に下ろす。

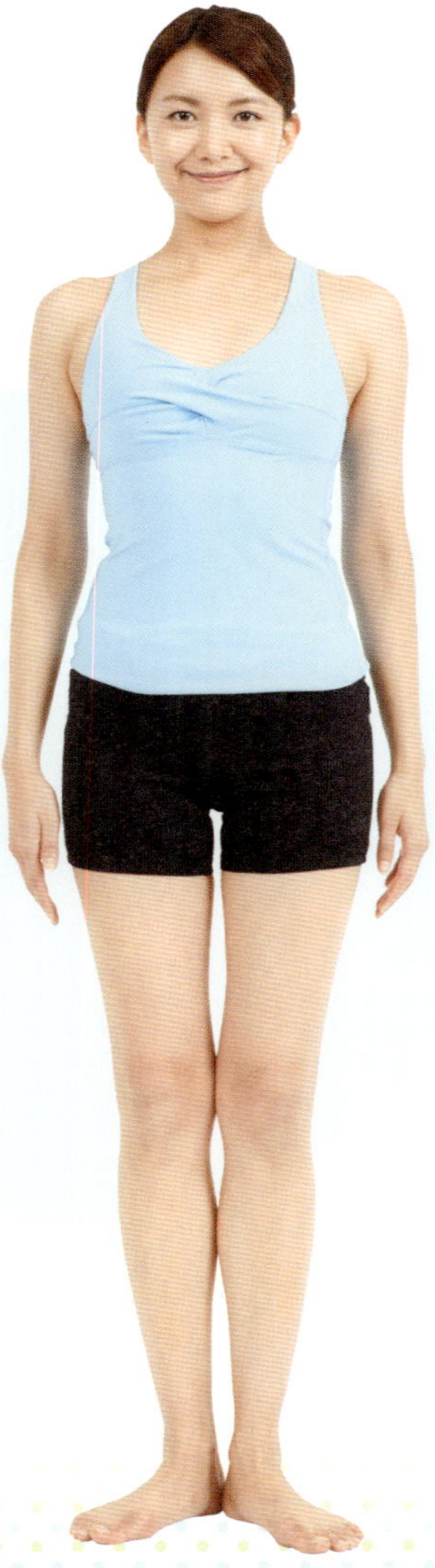

# 2

## 下腹部に、全力で力を込める

息を大きく吸いながら、下腹部に全力で力を込め、6秒キープ。息を吐きながら、ゆっくり力を抜いて1に戻る。

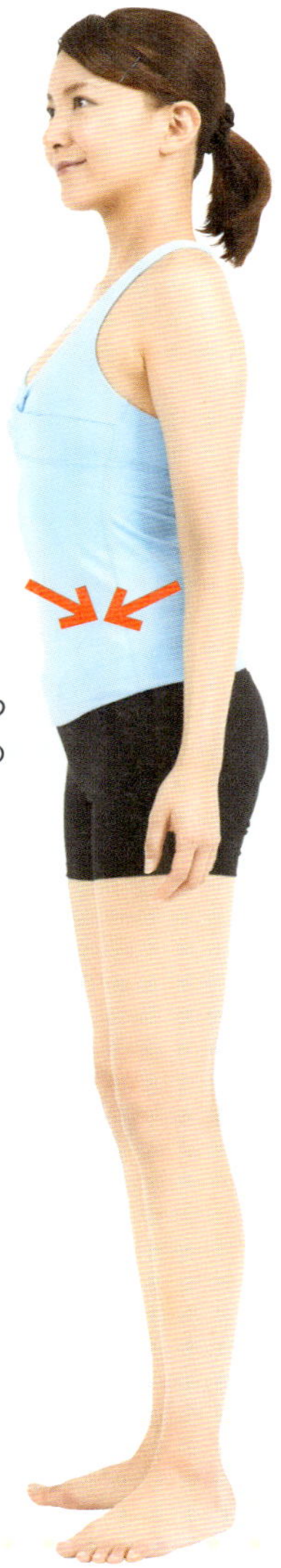

**ポイント**

お腹と背中をくっつけるように力を込めましょう。

**ポイント**

ウエストのくびれた部分を、おへその方向に寄せるようにします。

# ウエストをキュッ！②

椅子に座ったら、キュッとウエストをひねるだけです。ウエストまわりがすっきりして、くびれが出てきます。

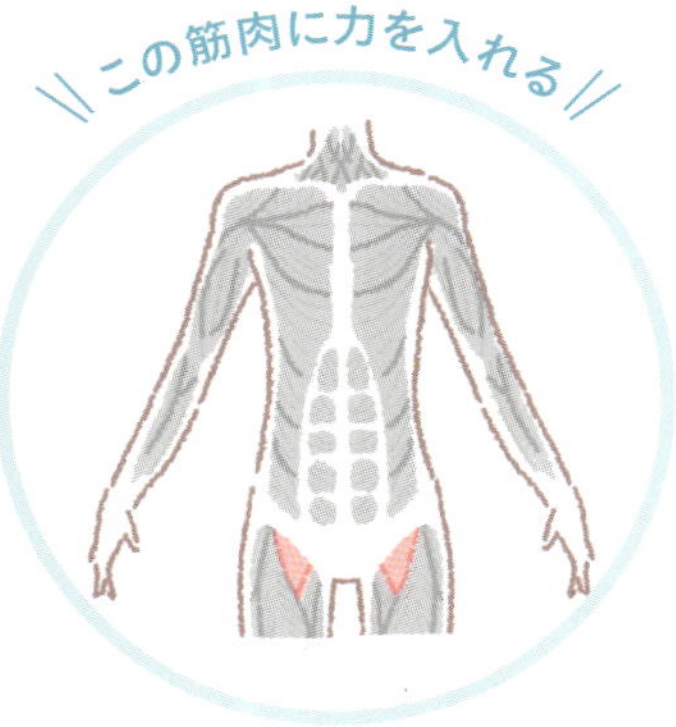


## 1

### 椅子に座り、座面をつかむ

椅子に座り、両脚を閉じて、つま先をそろえる。両手で椅子の座面をつかむ。

# 2

## ウエストをねじり、かかとを上げる

息を大きく吸いながら、かかとを上げてウエストをねじり、下腹部に全力で力を込め、6秒キープ。息を吐きながら、ゆっくり力を抜いて1に戻る。

**ポイント**

首も一緒にねじると、弾みがついて、さらに効果的です。

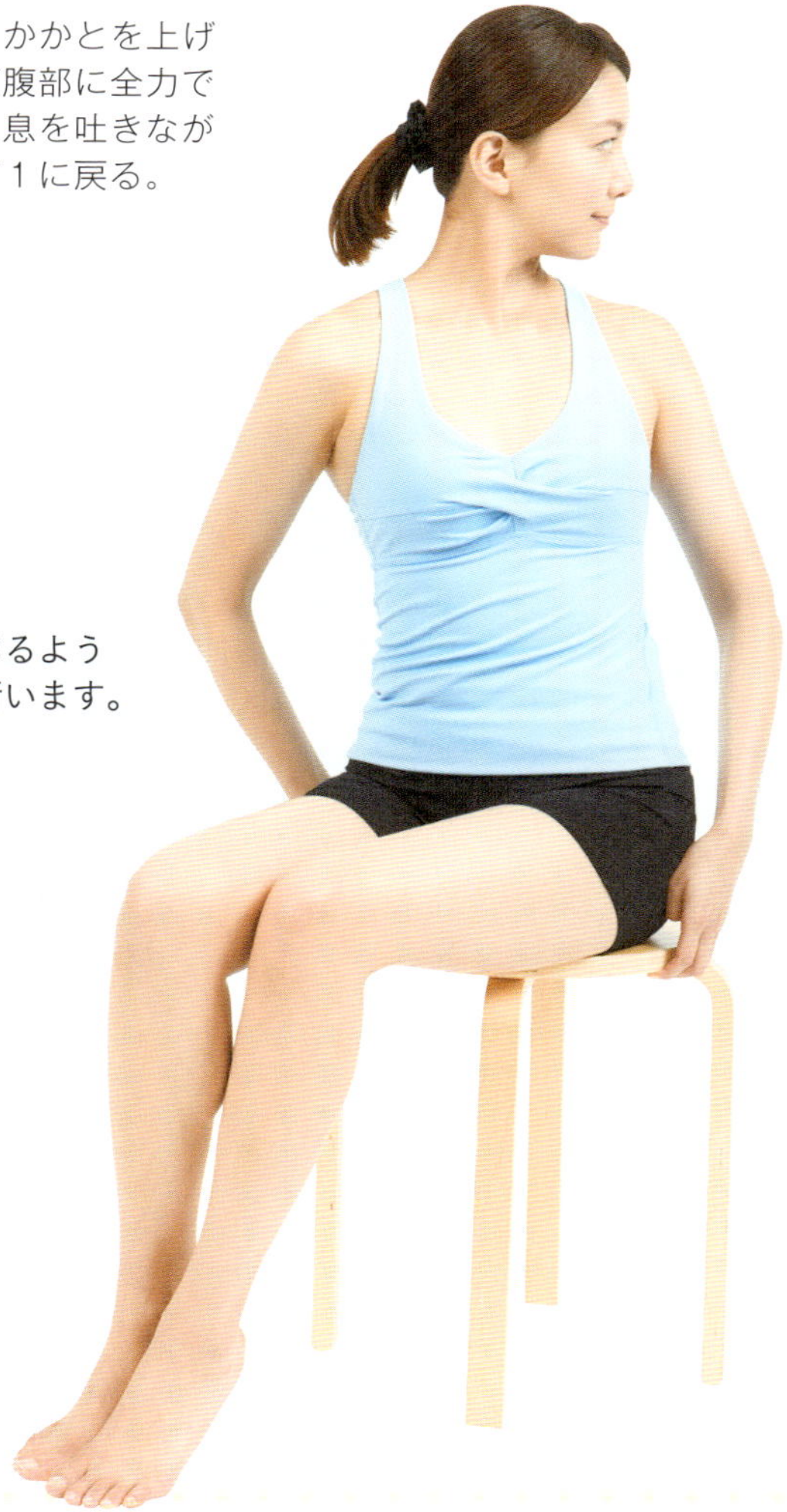

**ポイント**

おへそを、ねじるようなイメージで行います。

# 3

## 反対側も同様に

# ウエストをキュッ！③

上体全体を動かさないように。あばら骨を意識して、腹筋をしっかりと動かすことにより、体幹を整えます。

この筋肉に力を入れる

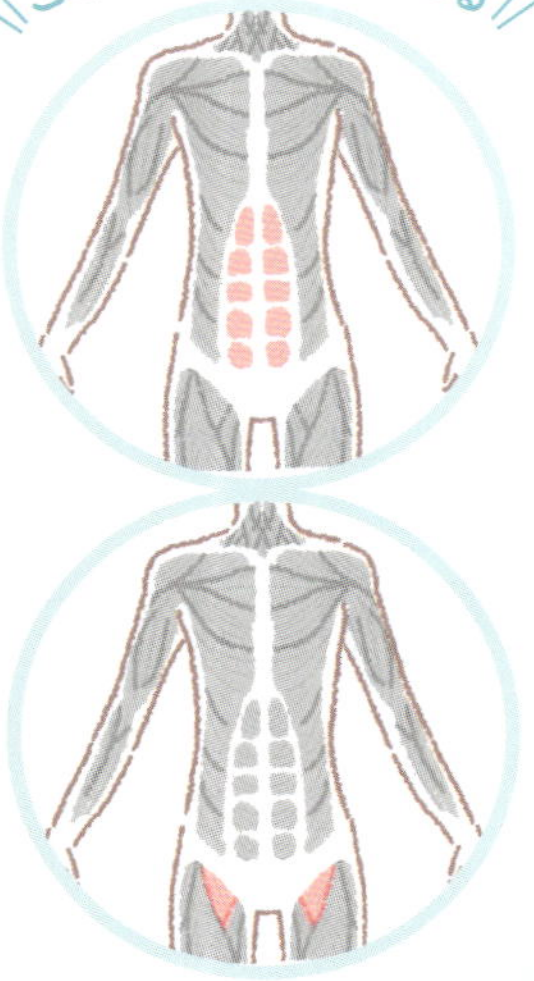

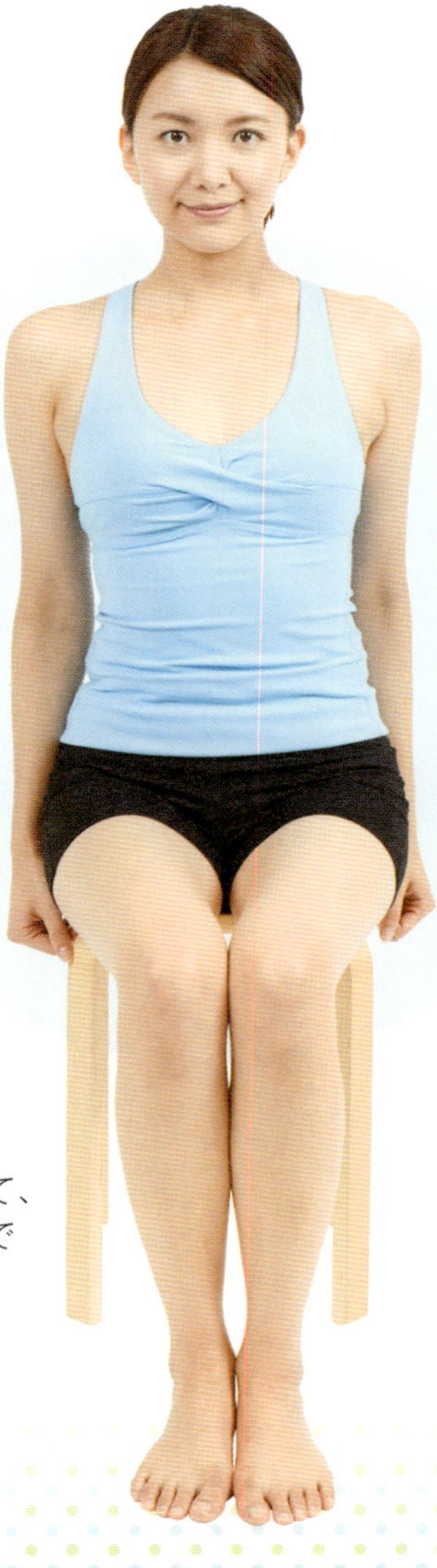

## 1

### 椅子に座り、座面をつかむ

椅子に座り、両脚を閉じて、つま先をそろえる。両手で椅子の座面をつかむ。

## 2
## あばら骨を、右へ動かす

息を吸いながら、あばら骨を右へ動かし、下腹部に全力で力を込め、6秒キープ。息を吐きながら、ゆっくり力を抜いて1に戻る。

**ポイント**

おへそを持ち上げるように、力を入れます。

**ポイント**

腰を動かさずに、あばら骨だけを動かしましょう。

## 3
## 反対側も同様に

# お腹を凹ませる①

ねじるだけの簡単な動きですが、ちゃんと意識をすれば、腹筋が刺激されて、効果が倍増します。

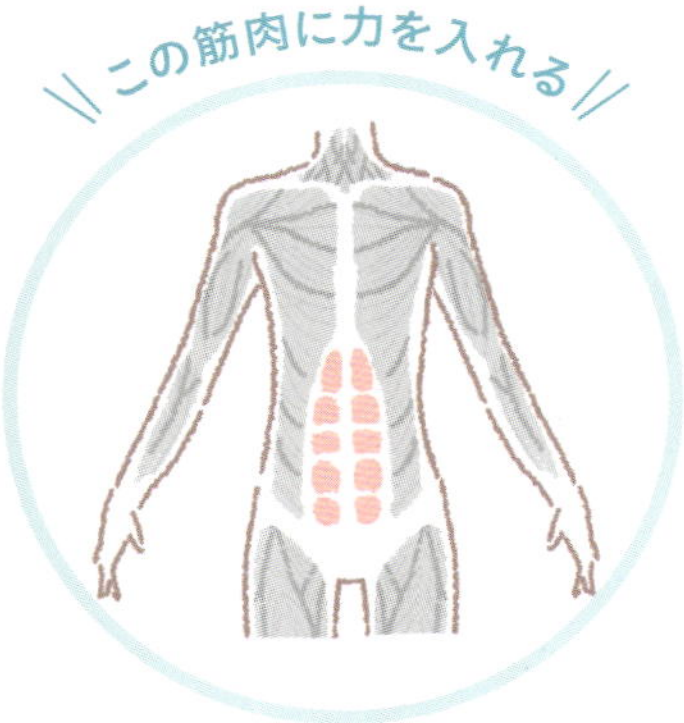

## 1

### 椅子に座り、座面をつかむ

椅子に座り、両脚を閉じて、つま先をそろえる。両手で椅子の座面をつかんで、姿勢を正す。

# 2

## 右のひじを、<br>左の太ももにあてる

息を吸いながら、右のひじを左の太ももにあて、下腹部に全力で力を込め、６秒キープ。息を吐きながら、ゆっくり力を抜いて１に戻る。

**ポイント**

おへそを体の中へ、引っ込めるようにします。

**ポイント**

体をクロスさせることで、下腹部に力が入りやすくなります。

# 3 反対側も同様に

# お腹を凹ませる②

\ この筋肉に力を入れる /

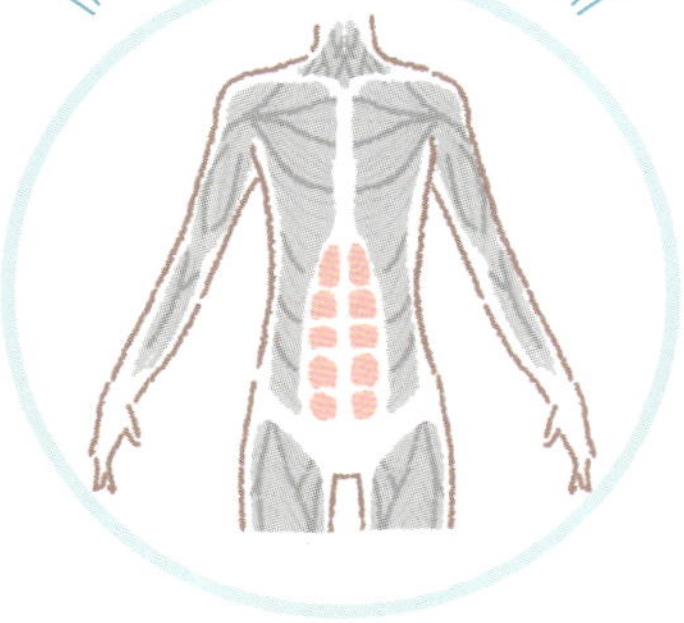

股関節を動かすと、リンパの流れ&血行促進効果が！　脚をギュッと引き寄せると、力が入りやすくなります。

## 1

### まっすぐ立ち、つま先はそろえる

両脚を閉じて立ち、かかとをそろえ、つま先もそろえる。両腕は自然に下ろす。

## 2 右の太ももを、胸に引き寄せる

息を吸いながら、右の太ももを胸に引き寄せ、下腹部に全力で力を込め、6秒キープ。息を吐きながら、ゆっくり力を抜いて1に戻る。

**ポイント**

両手を組むと、脚をしっかり抱えられます。

## 3 反対側も同様に

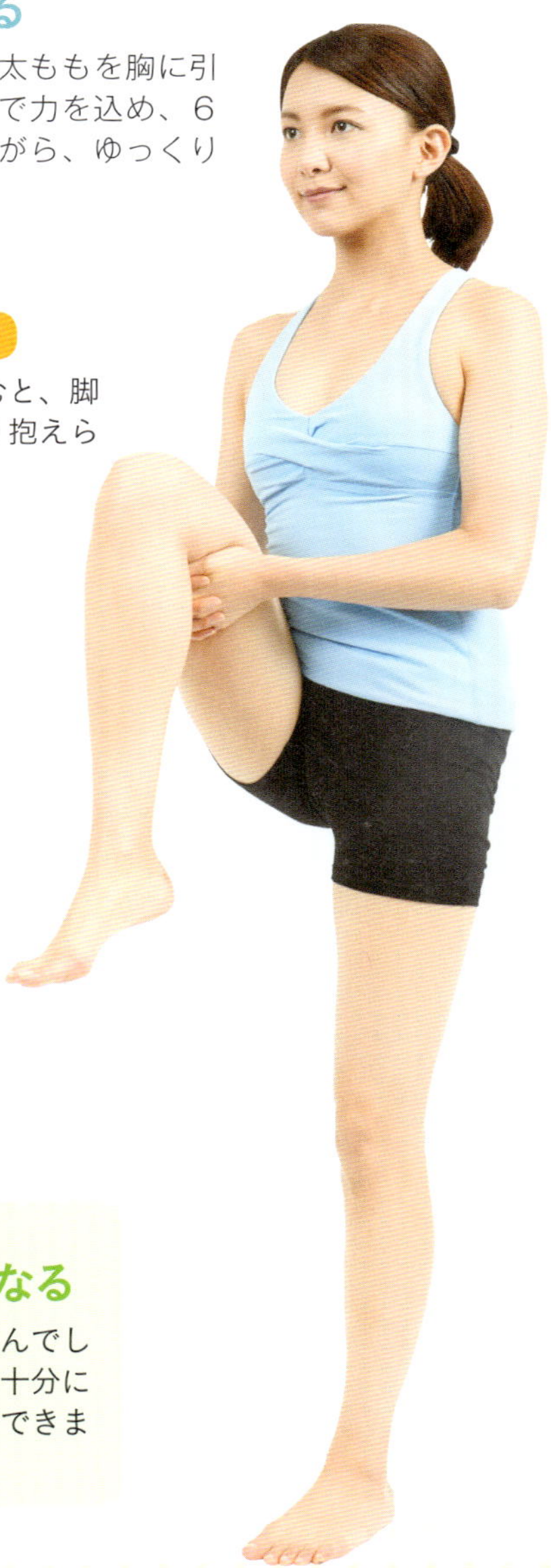

**NG**

### 前屈みになる

上体が前に屈んでしまうと、脚を十分に上げることができません。

# お腹を凹ませる③

辛い腹筋運動さよなら〜。腹筋全体に効果的です。楽チンにお腹全体を引き締めてくれます。

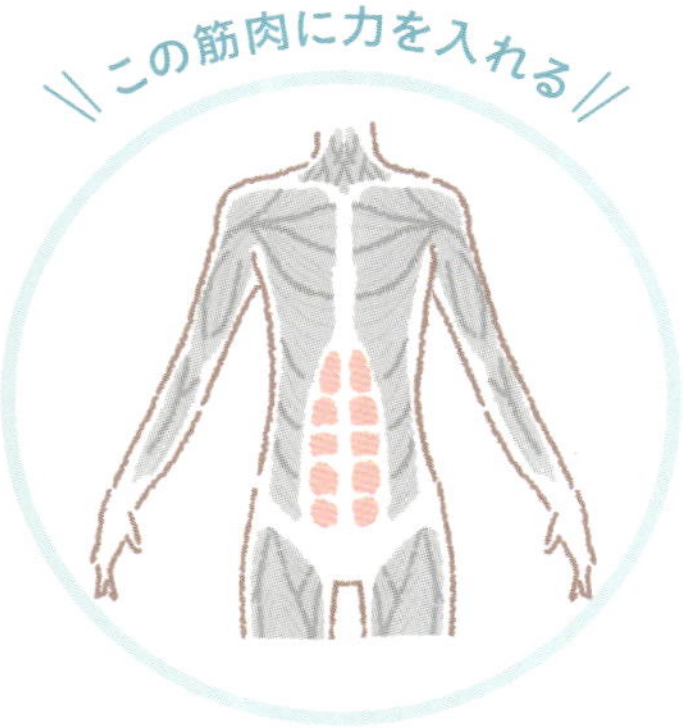


## 1

### 椅子に座り、両手は太ももに置く

椅子に座り、両脚を閉じて、つま先をそろえる。両手は太ももの上に置く。

# 2

## 前に屈み、
## 両足を手で持つ

息を吸いながら、前に屈んで両足を手で持ち、下腹部に全力で力を込め、６秒キープ。息を吐きながら、ゆっくり力を抜いて１に戻る。

**ポイント**

土踏まずを、手で引っ張り上げるようにします。

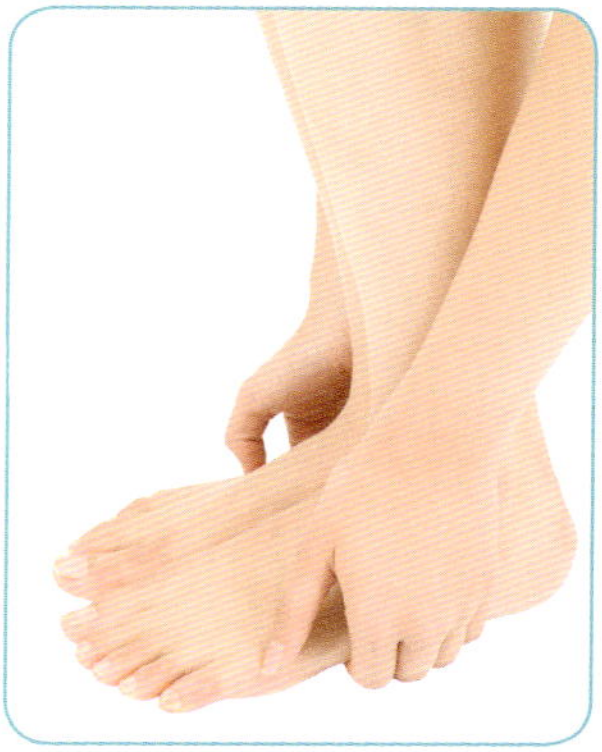

**ポイント**

お腹の表面全体に、思いきり力を込めます。

# 下腹部をすっきり①

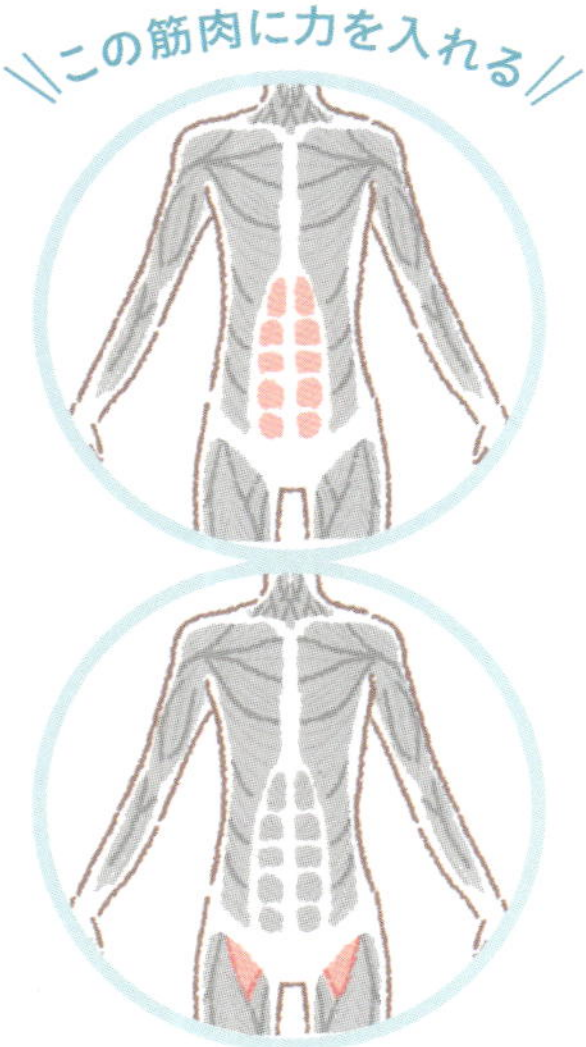


いわゆる腹筋といわれる、お腹の真ん中にある「腹直筋《ふくちょくきん》」を意識して、下腹部とウエストをスリムに！

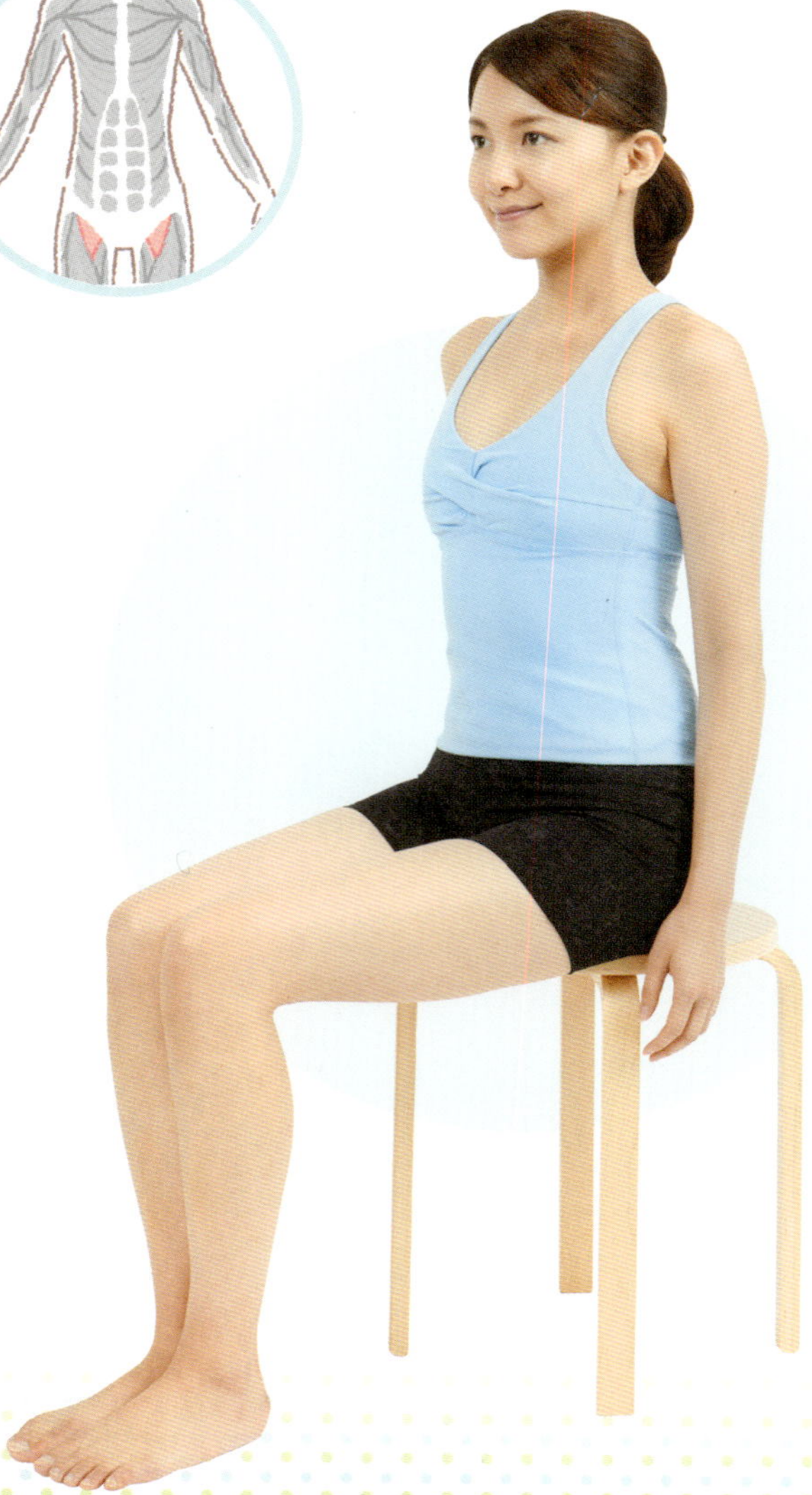

## 1

### 椅子に座り、両手は下ろす

椅子に座り、両脚を閉じて、つま先をそろえる。両手は自然に下ろす。

# 2

## 座面をつかみ、下腹部に力を込める

両手で椅子の座面をつかむ。
息を吸いながら、下腹部に全力で力を込め、6秒キープ。
息を吐きながら、ゆっくり力を抜いて1に戻る。

**ポイント**

椅子を持ち上げるようにすると、下腹部に力が入ります。

# 下腹部をすっきり②

この筋肉に力を入れる

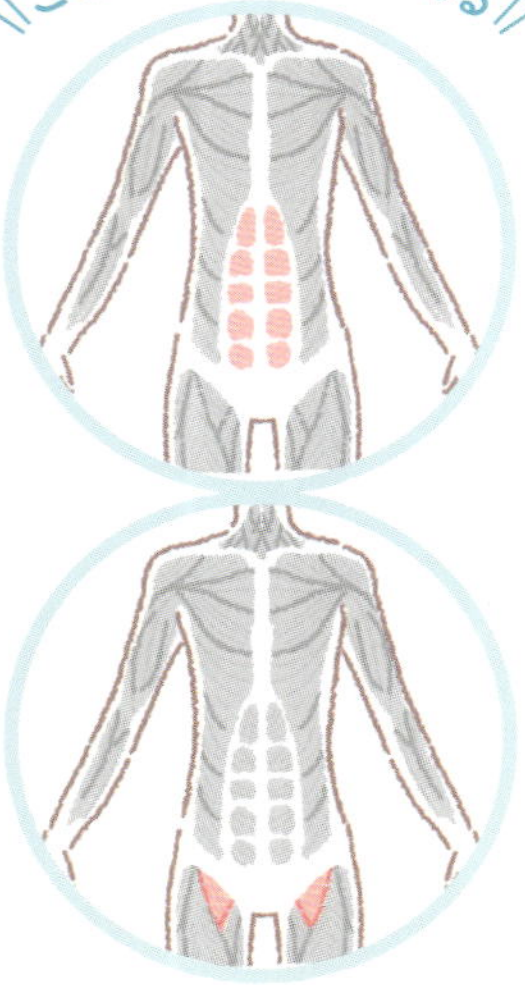

年齢とともにたるんでくる「腹《ふく》斜筋《しゃきん》」にアプローチ！　この筋肉を鍛えて、下腹部をすっきりさせます。

## 1 仰向けになり、ひざを曲げる

仰向けになり、両脚を閉じる。両ひざを曲げ、つま先はそろえる。両腕は両脇にそろえ、手のひらは床につける。

NG

### ひざが上がらない

ひざを十分に上げないと、下腹部に力が入らず、効果は期待できません。

## 2 両ひざを、胸に近づける

息を吸いながら、両ひざを胸に近づけ、下腹部に全力で力を込め、６秒キープ。息を吐きながら、ゆっくり力を抜いて１に戻る。

# 下腹部をすっきり③

誰にもバレずに、いつでもどこでもシェイプアップ！　上下バランスよく均等に、力を込められます。

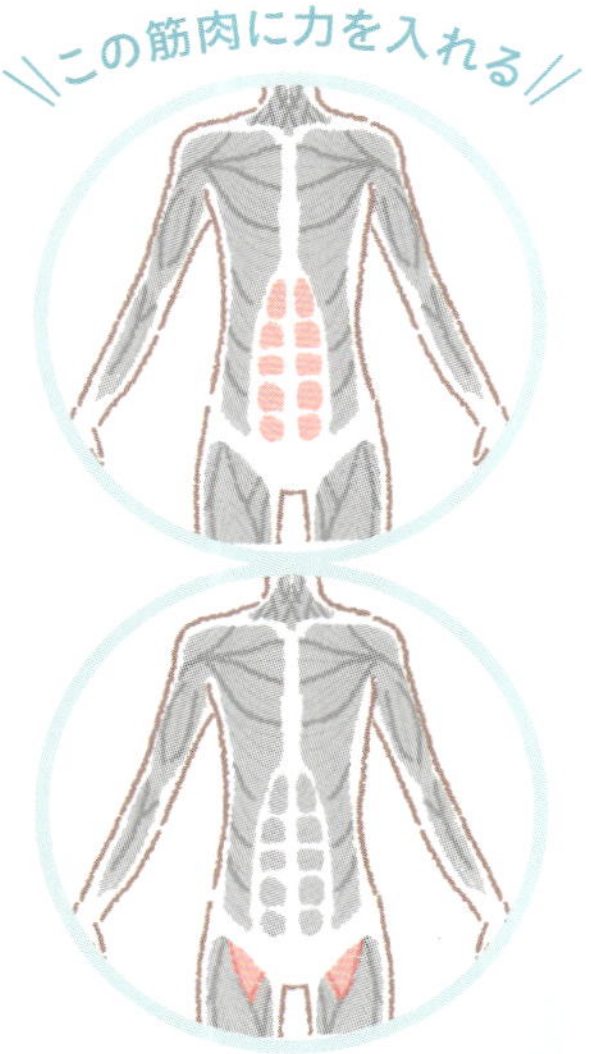

## 1

### 足は肩幅に開き、両手は腰にあてる

足は肩幅に開き、つま先は少し外側に向ける。両手は腰にあてる。

# 2

## お腹を凹ませ、骨盤を後ろへ引く

息を吸いながら、お腹を凹ませ、おしりと骨盤を後ろへ引き、下腹部に全力で力を込め、6秒キープ。息を吐きながら、ゆっくり力を抜いて1に戻る。

**ポイント**

おしりの上部に力を込め、背中にくっつけるイメージで行いましょう。

**ポイント**

骨盤を立てるように、意識します。

# ヒップアップ①

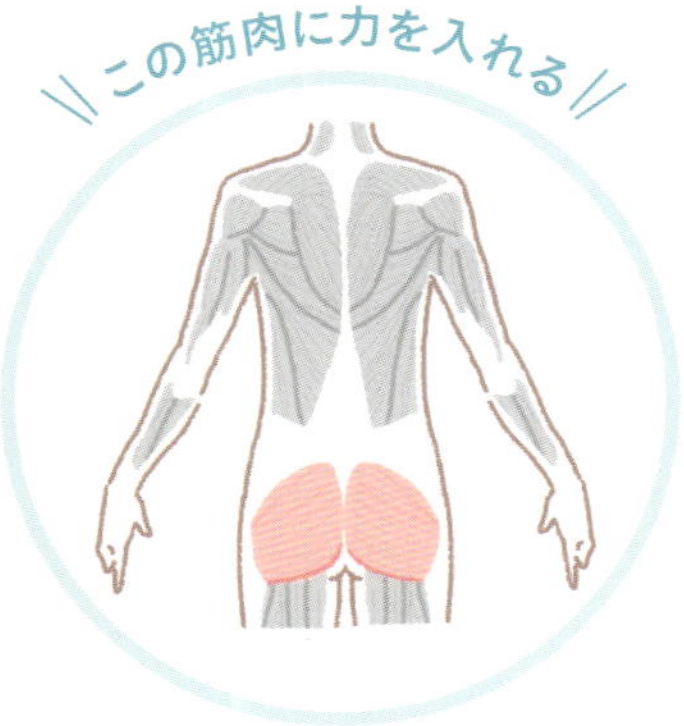


おしりの筋力が低下すると、
脂肪も下がって、たれじりに！
おしり全体の筋肉を鍛えて、
ヒップアップしましょう。

## 1 仰向けになり、ひざを曲げる

仰向けになり、足は肩幅に開き、両ひざを曲げる。両腕は両脇にそろえ、手のひらは床につける。

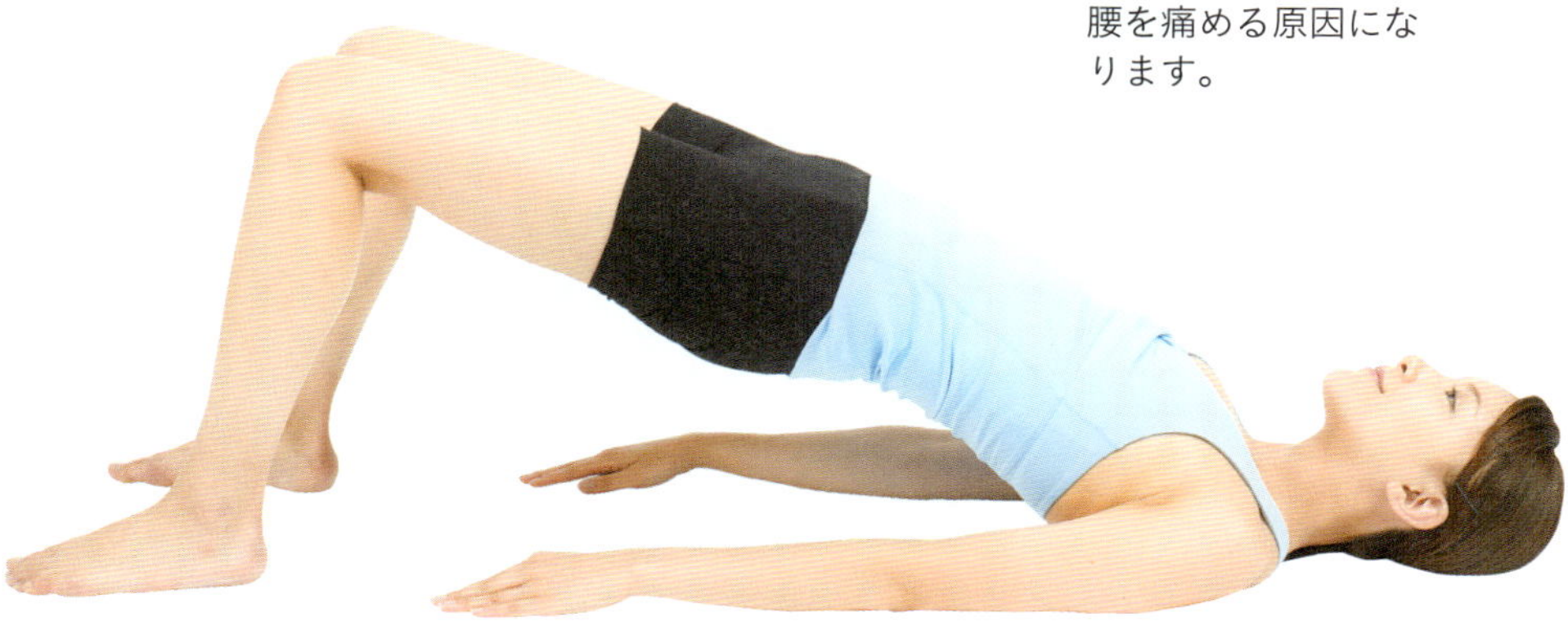

**ポイント**

反りすぎに注意！
腰を痛める原因になります。

**ポイント**

お腹を突き上げるようにすると、おしりの筋肉に力が入ります。

## 2 腰を上げ、体は一直線に！

息を吸いながら、腰を上げて体が一直線になるようにし、おしりに全力で力を込め、６秒キープ。息を吐きながら、ゆっくり力を抜いて１に戻る。

# ヒップアップ②

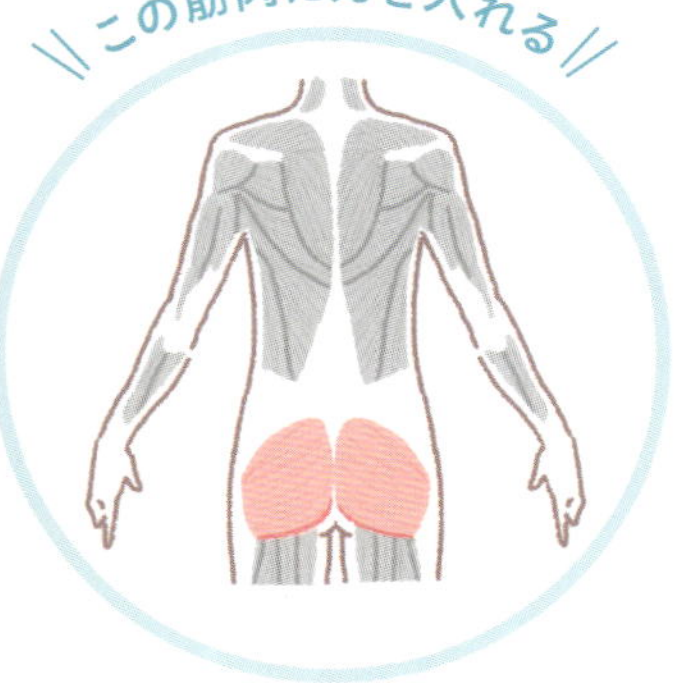


片足立ちをしてグラつく人は、「内《ない》臀《でん》筋《きん》」が衰えているかも！　おしりの内側に、ギュッと力を込めましょう。

## 1

**足は肩幅に開き、両手は腰にあてる**

足は肩幅に開き、つま先は少し外側に向ける。両手は腰にあてる。

ポイント

顔はできるだけ上を
向きます。

ポイント

反りすぎると、腰を
痛めるので注意しま
しょう。

ポイント

お腹を前に突き出
すようにすると、
効きめアップ！

## 2

## 腰を反らし、顔は上を向く

息を吸いながら、腰を反らして顔を上げ、おしりに全力で力を込め、６秒キープ。息を吐きながら、ゆっくり力を抜いて１に戻る。

ポイント

おしりの筋肉を、グッと
持ち上げるイメージで行
いましょう。

コラム③

# 下半身やせには、運動より筋トレ

「有酸素運動」という言葉を聞いたことがありますか。ジョギングやウォーキング、水泳などの運動のことです。体の酸素を利用して脂肪を燃焼させ、エネルギーを生み出すことから、「有酸素」と呼ばれています。

特に、中性脂肪の減少に効果的で、お腹まわりのダイエットには最適でしょう。また、血行促進にもつながり、健康な体づくりのために、多くの人が実践している人気のトレーニングです。

ただ、有酸素運動は、体のある部分だけに的を絞って鍛えることには、やや不向きといえるかもしれません。

それに比べて「筋トレ」は、筋肉そのものを強くするトレーニングです。しかも、鍛えたい（やせたい）部分に、直接アプローチできるのが特長です。「下半身やせ」にこだわりたい人に、6秒の筋トレをおすすめする理由がここにあります。

どちらがいいかではなく、自分の目的に合ったトレーニング法を選択することが大切です。もちろん6秒の筋トレを実践しながら、時間の余裕のあるときに、有酸素運動を取り入れるのもよいでしょう。

# PART 4

# 「太もも→足首」を、徹底シェイプ！

# 太ももをシェイプ① 表と裏

太ももの筋肉が硬い人は、血流が悪いかも。表と裏にある筋肉を意識して、一気に代謝アップさせます。

この筋肉に力を入れる

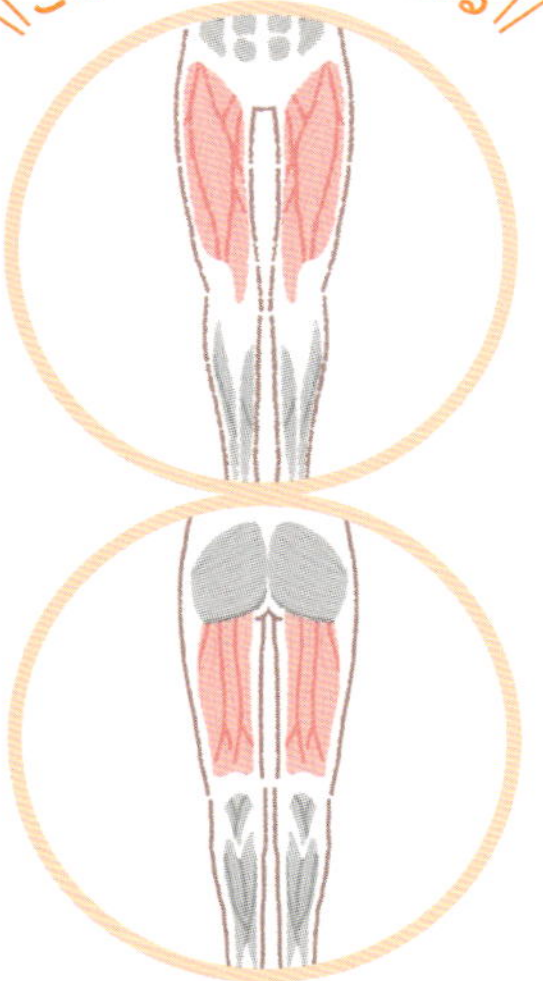

## 1

### 椅子に座り、座面をつかむ

椅子に座り、両脚を閉じて、つま先をそろえる。両手で椅子の座面をつかむ。

NG

**脚を曲げてクロス**

脚を曲げてしまうと、太ももを引き締めることはできません。

# 2

## 足首をクロス、両脚は上下に押し合う

両脚を45度まで上げ、左足首に右足首を乗せる。息を吸いながら、両脚は上下に押し合うようにし、全力で力を込め、6秒キープ。息を吐きながら、ゆっくり力を抜いて1に戻る。

# 3

## 反対側も同様に

# 太ももをシェイプ② 外側

太ももの外側のハリは、代謝低下が原因のひとつ。太ももの大きな筋肉を強化して、体全体の代謝アップ！

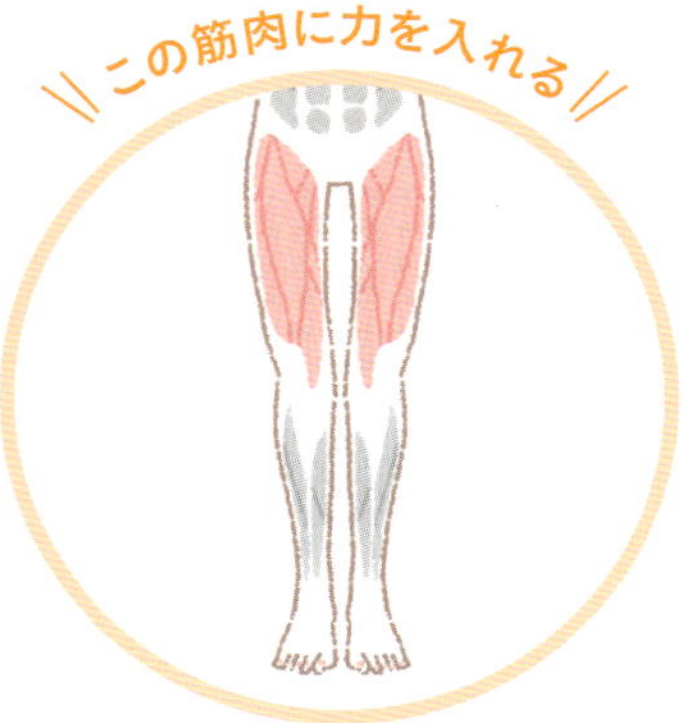


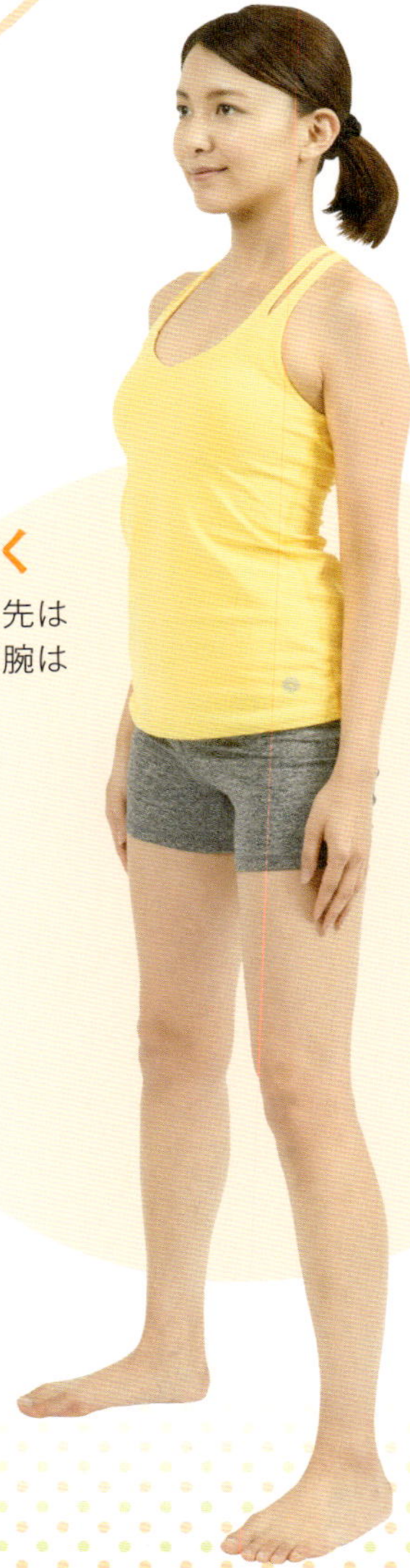

## 1

### まっすぐ立ち、足を肩幅に開く

足を肩幅に開き、つま先は少し外側に向ける。両腕は自然に下ろす。

## 2 両腕を前に出し、深くスクワット！

息を吸いながら、両腕を前に出し、深くスクワットし、太ももに全力で力を込め、６秒キープ。息を吐きながら、ゆっくり力を抜いて１に戻る。

**ポイント**

おしりを突き出すようにして、背中を伸ばします。

**ポイント**

６秒かけてポージングし、６秒キープしましょう。

**NG**

### 内またになっている

ひざが内側に向き、内またになると、効果がないばかりか、ひざを痛める原因にもなります。

# 太ももをシェイプ③内側

なかなか贅肉が落ちないのが、太ももの内側です。「内《ない》転筋《てんきん》」にアプローチして、美脚になりましょう。

＼この筋肉に力を入れる／

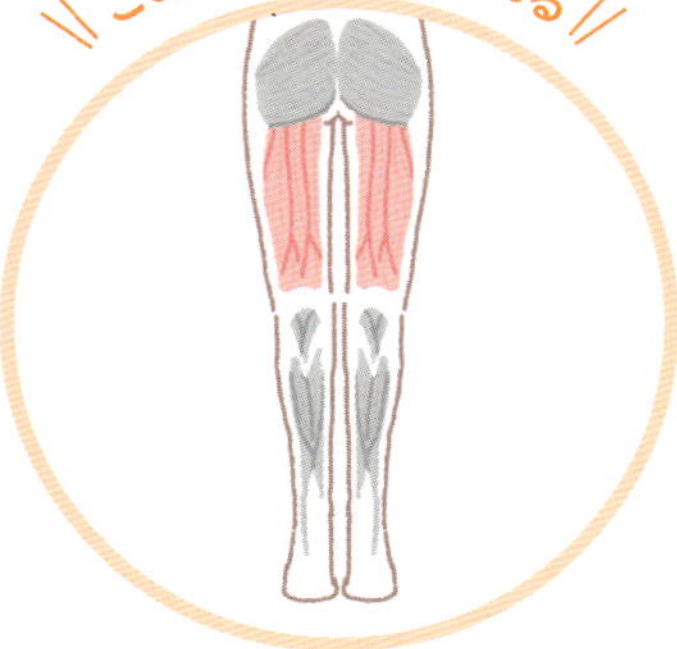

## 1

### まっすぐ立ち、つま先は閉じる

両脚を閉じて立ち、かかとをそろえ、つま先は閉じる。両腕は自然に下ろす。

## 2 両腕を上げ、右脚を後ろに上げる

息を吸いながら、両腕を肩の高さに上げ、右脚をクロスして後ろに上げ、太ももに全力で力を込め、６秒キープ。息を吐きながら、ゆっくり力を抜いて１に戻る。

**ポイント**

後ろに上げた脚は、
まっすぐ伸ばすと、
太ももに効きます。

## 3 反対側も同様に

# ふくらはぎの引き締め①

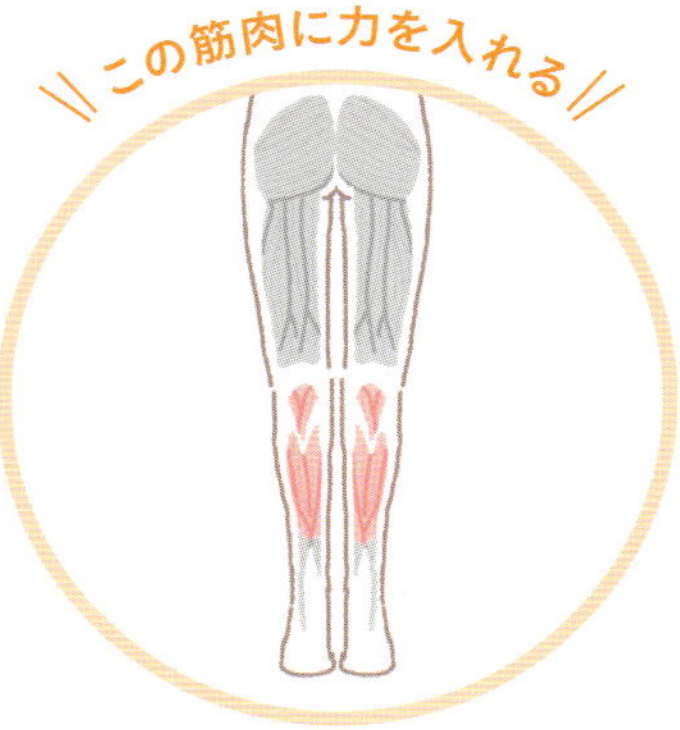


じわじわ伸びて、痛気持ちいい感じです。「ヒラメ筋《きん》」を鍛えて、スラッとしたひざ下美人になりましょう。

## 1

### 長座で座り、つま先を上げる

長座で座り、両手は太ももに置き、かかとをそろえ、つま先を上げる。

## 2

## 右手で、左足のつま先を手前に引く

息を吸いながら、右手で左足のつま先を手前に引き、ふくらはぎに全力で力を込め、6秒キープ。息を吐きながら、ゆっくり力を抜いて1に戻る。

**ポイント**

つま先に手が届かない場合は、無理をしないようにしましょう。

**NG**

### ひざを曲げる

ひざはまっすぐ伸ばしましょう。曲げてしまうと、ふくらはぎに効きません。

## 3 反対側も同様に

# ふくらはぎの引き締め②

足首の角度をつけて、ふくらはぎをギュッと締めるだけの簡単なエクササイズです。いつでもどこでもOK！

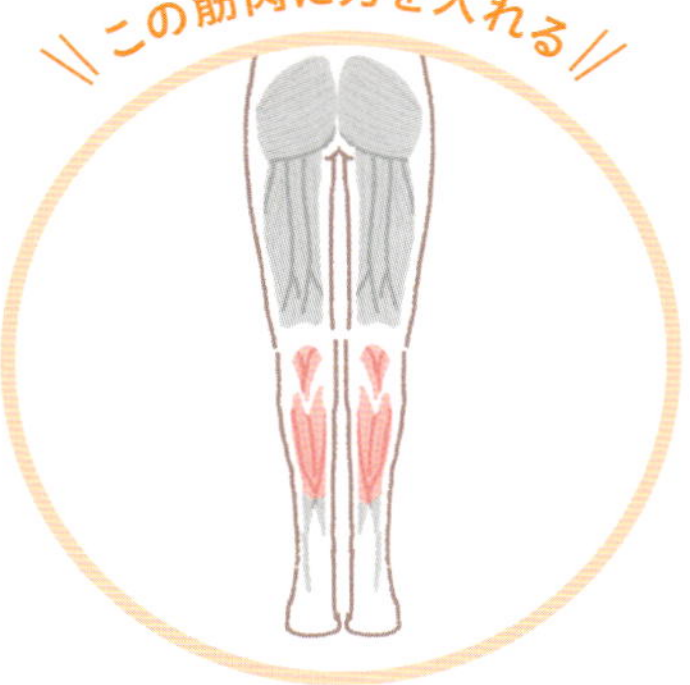


## 1

### 長座で座り、つま先を上げる

長座で座り、両手は太ももに置き、かかとをそろえ、つま先を上げる。

# 2

## 右の太ももを、胸に引き寄せる

息を吸いながら、右の太ももを胸に引き寄せ、ふくらはぎに全力で力を込め、6秒キープ。

# 3

## 右のつま先を、上げる

右のつま先を上げ、息を吐きながら、ゆっくり力を抜いて1に戻る。

## 4 反対側も同様に

# ふくらはぎの引き締め③

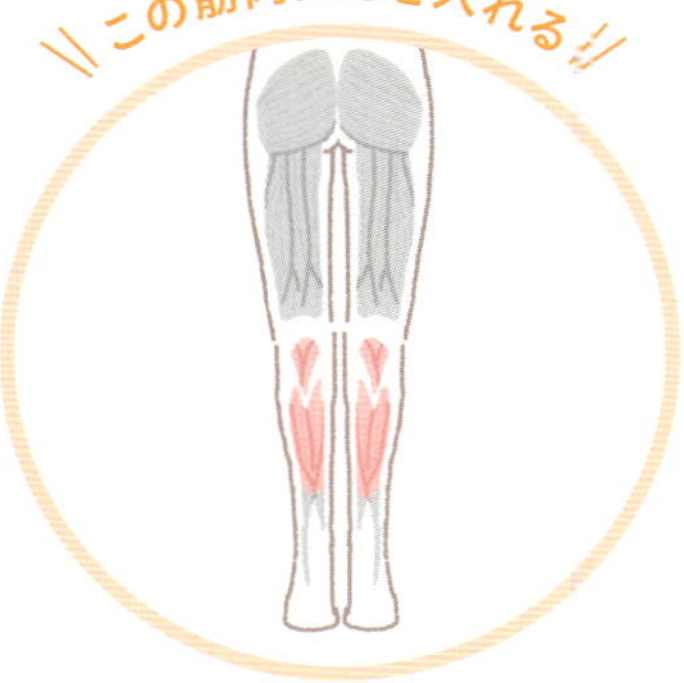


いつでもどこでも、簡単シェイプ！　つま先立ちで、むくみと筋肉のハリを同時にリセットしましょう。

## 1

### 両脚を閉じて、両手を壁につける。

両脚を閉じて立ち、かかとをそろえ、つま先は閉じる。両手は肩幅に開き、壁につける。

**ポイント**

壁に手を置くと、体がフラフラせず、安定します。

# 2

## つま先立ちする

息を吸いながら、つま先立ちし、ふくらはぎに全力で力を込め、6秒キープ。息を吐きながら、ゆっくり力を抜いて1に戻る。

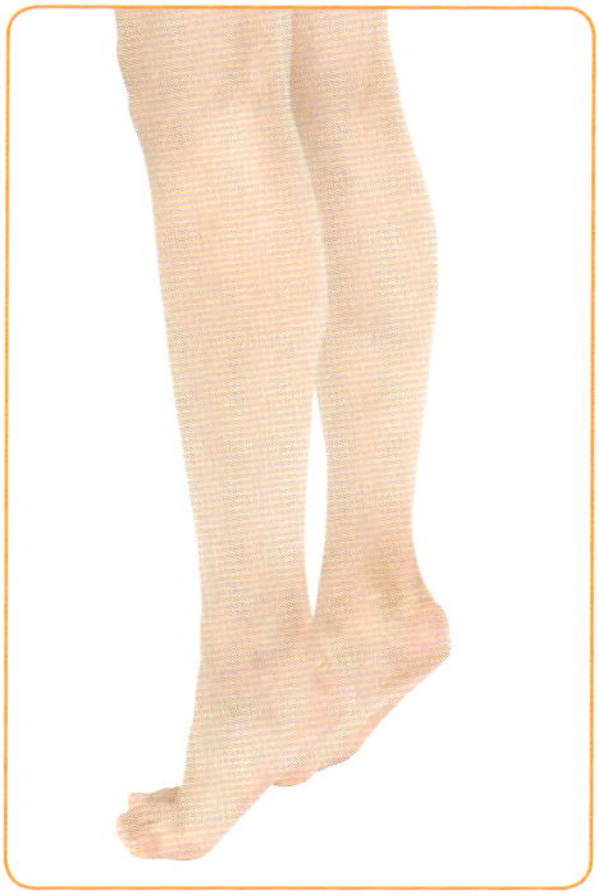

**ポイント**

つま先に思いきり力を込めると、ふくらはぎに力が入り、効いているのがわかります。

# 足首を細く①

美脚にかかせないポイントは、ずばり足首です。足の裏の疲れを取れば、まっすぐ伸びた脚になります。

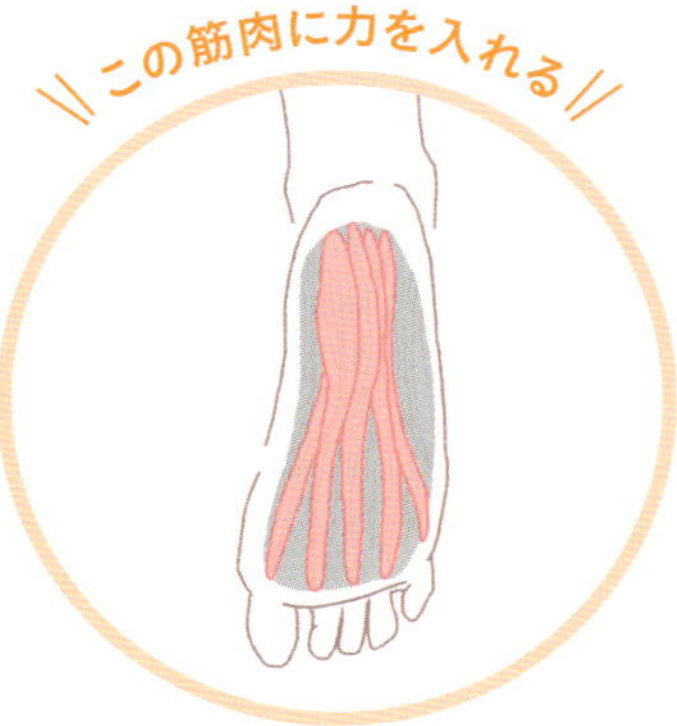


## 1

### 長座で座り、つま先を上げる

長座で座り、両手は太ももに置き、かかとをそろえ、つま先を上げる。

## 2 手で足を握り、足首を曲げる

右足首を左ひざにのせ、息を吸いながら、足首を外側と内側に曲げ、ふくらはぎに全力で力を込め、6秒キープ。息を吐きながら、ゆっくり力を抜いて1に戻る。

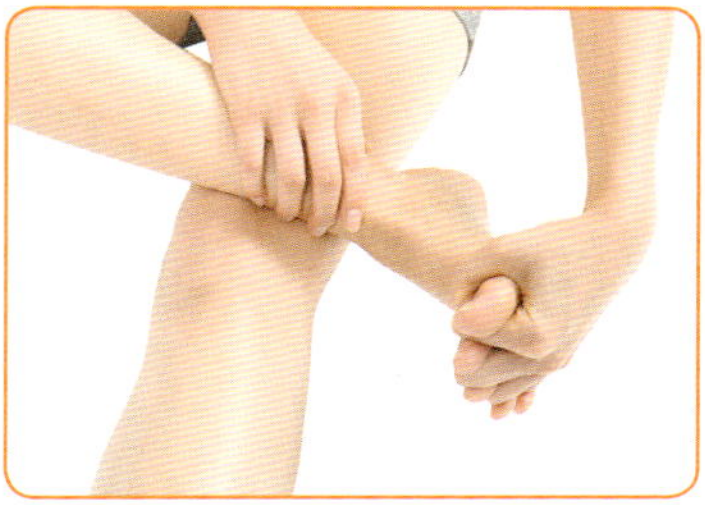

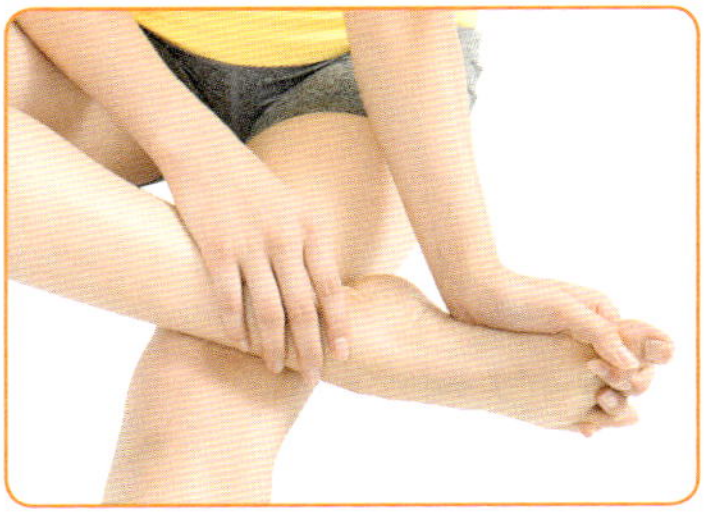

**ポイント**

足首のねじれが、骨盤をゆがませる原因になります。足首をやわらかくし、ねじれをなくしましょう。

## 3 反対側も同様に

# 足首を細く②

内もものストレッチをしながら、足首のねじれを解消します。ちょっとキツイくらいがちょうどいいです。

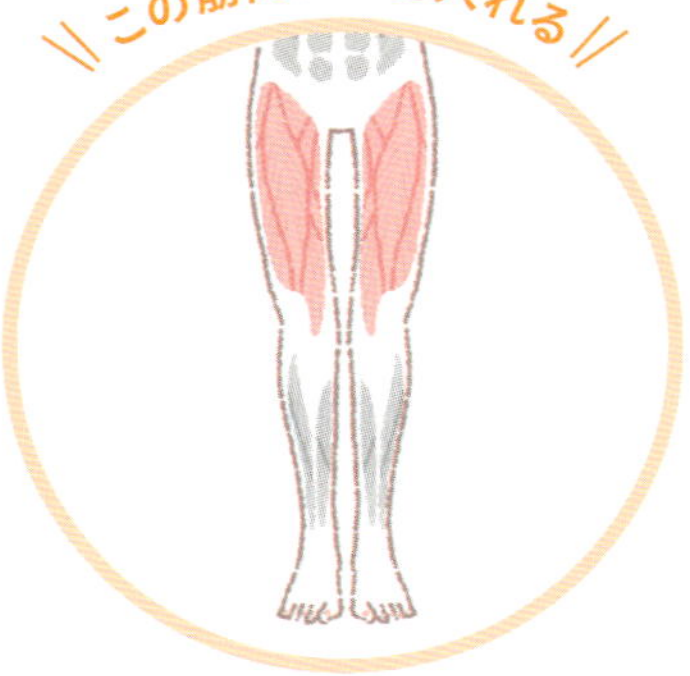

## 1 足は肩幅に開き、両手は腰にあてる

足は肩幅に開き、つま先は少し外側に向ける。両手は腰にあてる。

## 2 ひざを曲げて、腰を落とす

息を吸いながら、ひざを曲げて腰を落とす。

## 3 ひざを内側に閉じる

足首に全力で力を込め、ひざを
内側に閉じ、6秒キープ。

## 4 ゆっくり戻る

息を吐きながら、ゆっくり
力を抜いて1に戻る。

# 足首を細く③

骨盤のゆがみは、美脚の大敵！　足首をゆるめて、脚全体から、骨盤のゆがみを調整しましょう。

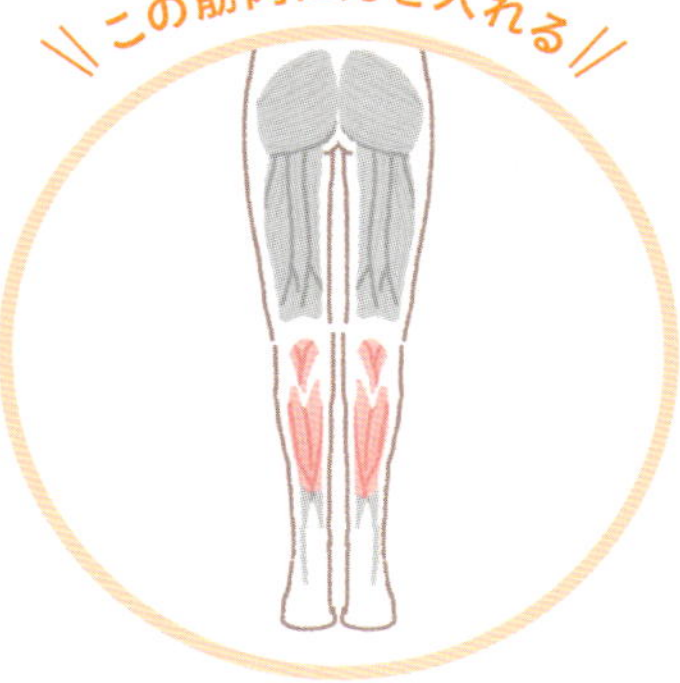


## 1

### 椅子に座り、座面をつかむ

椅子に座り、両脚を閉じて、つま先をそろえる。両手で椅子の座面をつかむ。

## 2 左の足首を外側に曲げる

息を吸いながら、左の足首を外側に曲げる。足首に全力で力を込め、6秒キープ。息を吐きながら、ゆっくり力を抜いて1に戻る。

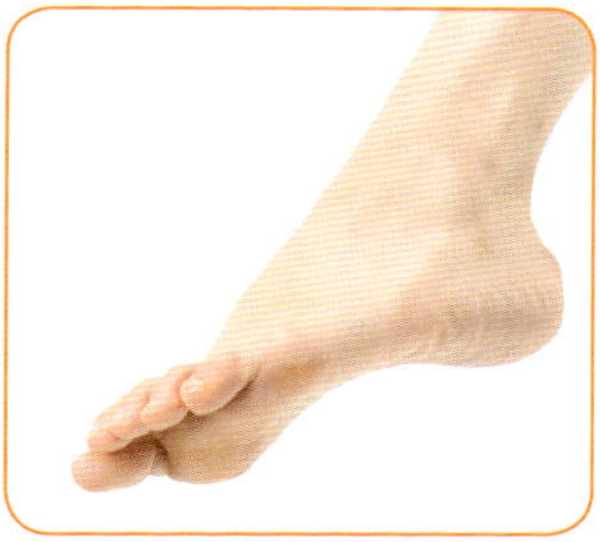

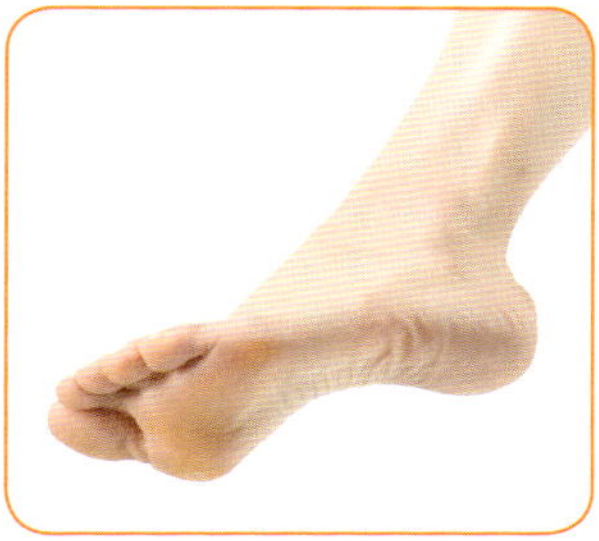

**ポイント**

足首と骨盤は連動しています。足首が正しく曲げられていれば、全身のシェイプアップにもつながります。

## 3 反対側も同様に

※痛みが出る人は、力加減をゆるめてください。

# 脚全体をスリムに①

脚の太さは、歩き方や日常生活の動作のクセの蓄積！　ハリやすい前ももを伸ばして、改善しましょう。

\\この筋肉に力を入れる//

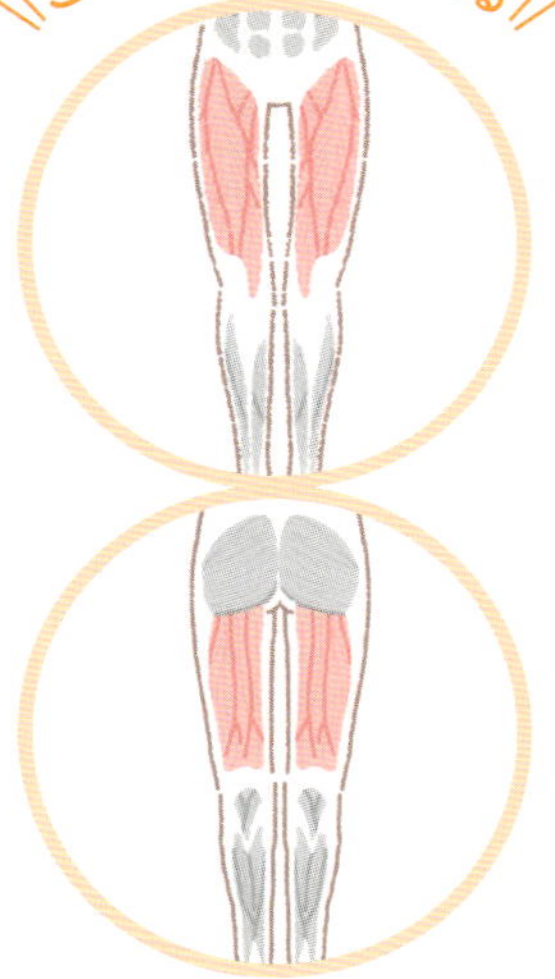

## 1

### 仰向けになり、両脚を閉じる

仰向けになり、両脚を閉じる。両腕は両脇にそろえ、つま先をそろえる。

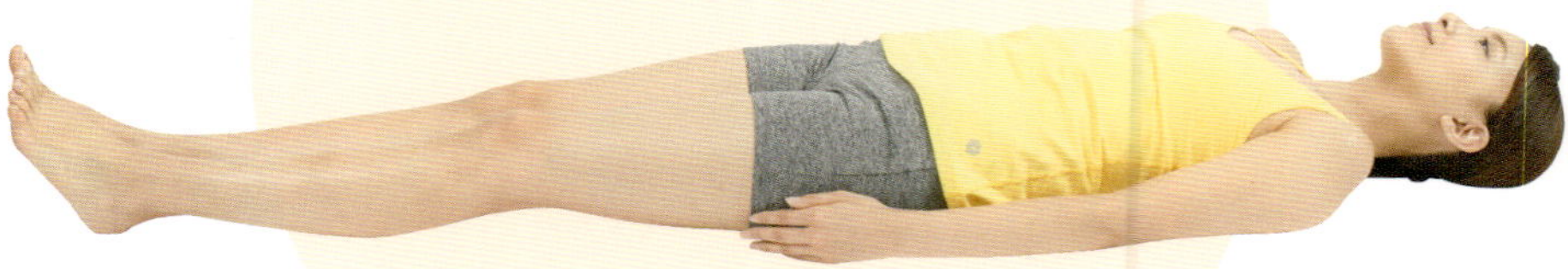

NG

### 足が腰から離れる

ひざが十分に折り曲げられず、
足が腰から離れてしまうと、
足首に力が入りません。

## 2

### 両腕を上げ、左足を腰に寄せる

息を吸いながら、両腕を上げて左足を腰に寄せ、
足首に全力で力を込め、6秒キープ。息を吐き
ながら、ゆっくり力を抜いて1に戻る。

## 3 反対側も同様に

# 脚全体をスリムに②



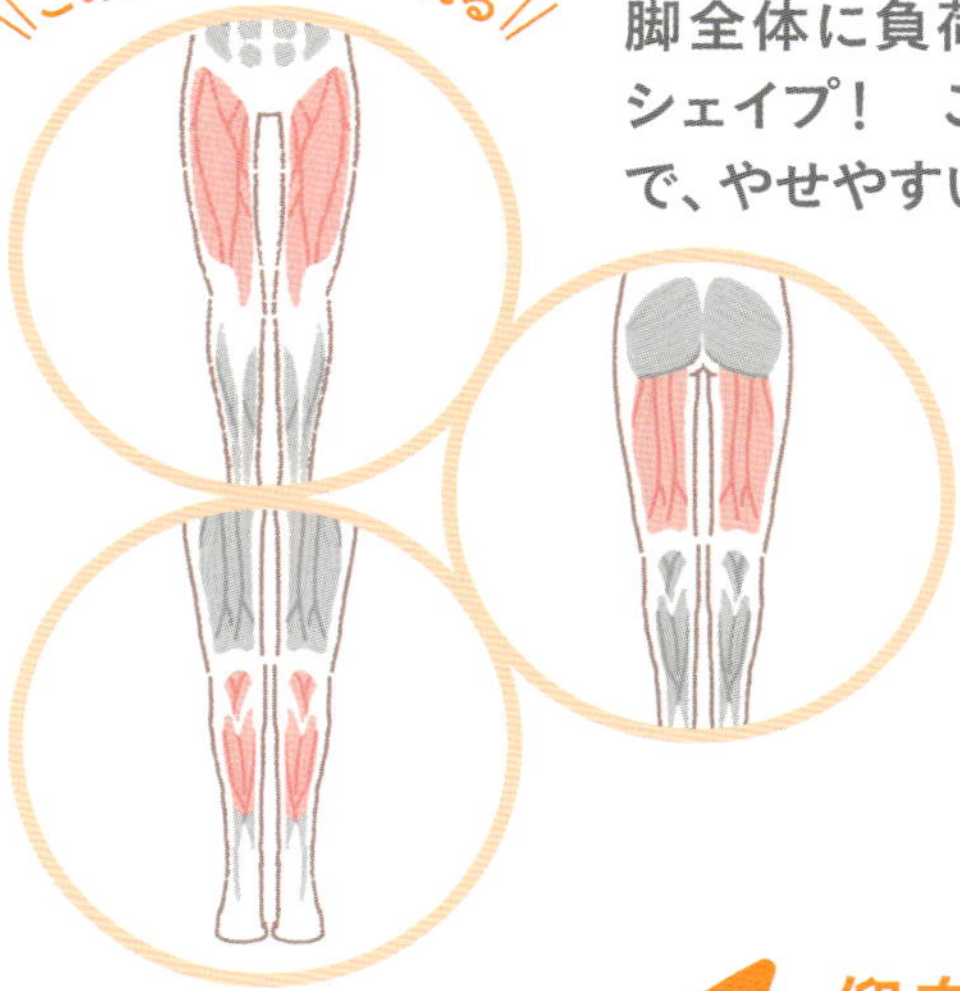

脚全体に負荷をかけて、一気にシェイプ！　この簡単な動きだけで、やせやすい体をつくります。

## 1 仰向けになり、両ひざを深く曲げる

仰向けになり、両脚を閉じる。両ひざは立て、つま先はそろえる。両腕は両脇にそろえ、手のひらは床につける。

NG

## ひざが曲がっている

まっすぐにひざを伸ばすことが大事。ひざを曲げると、脚全体に力が入りません。

## 2 左脚を思い切り伸ばして壁にかかとをつける

息を吸いながら、左脚を思い切り伸ばして壁にかかとをつけ、全力で力を込め、6秒キープ。息を吐きながら、ゆっくり力を抜いて1に戻る。

## 3 反対側も同様に

リンパマッサージ

# ひざぷっくり解消

むくみを取るには、マッサージオイルで老廃物を流すことがおすすめ。マッサージは、つまんでほぐして、リンパ節へ流すが基本です。

## 1 長座で座り、右脚を立てる

長座で座り、右脚を立て、
両手でひざを抱える。

## 2 マッサージオイルを、手のひらに注ぐ

手のひらに、マッサージオイルを、
500円玉くらい注ぐ。

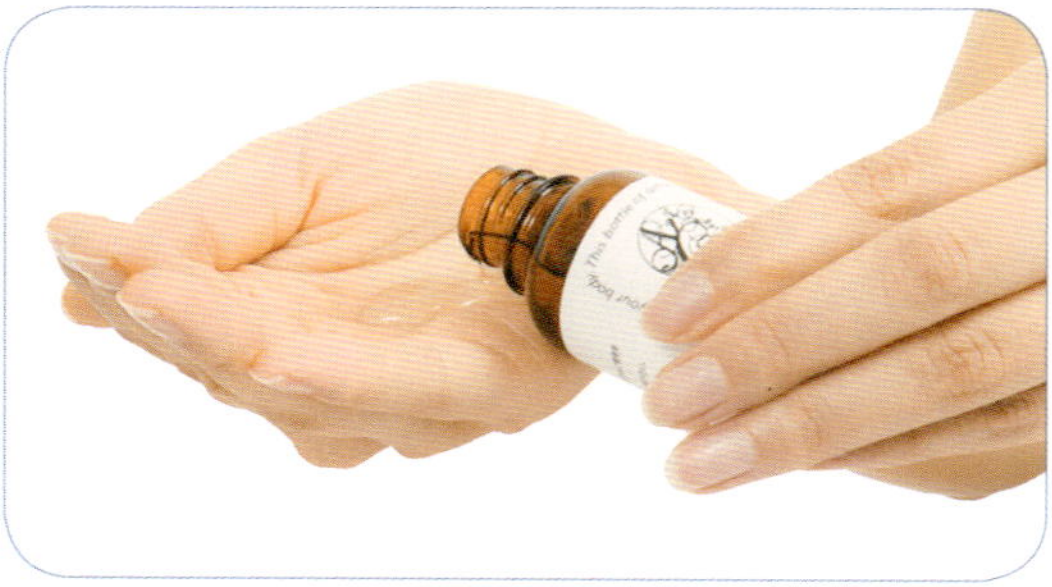

**ポイント**

手がスムーズに動き、肌を傷めないためにも、マッサージオイルは必ず塗りましょう。リラックスできるアロマオイルがおすすめです。

## 3 マッサージオイルを、ひざ全体に馴染ませる

マッサージオイルを、両手でひざ全体に馴染ませて、ゆっくりマッサージをする。

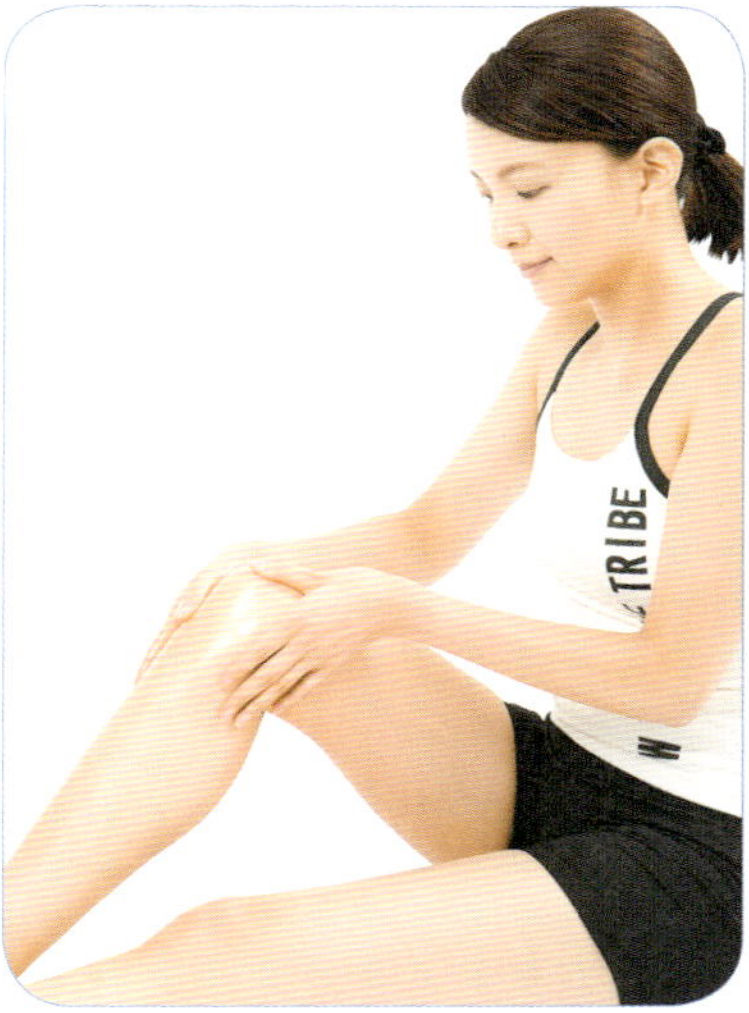


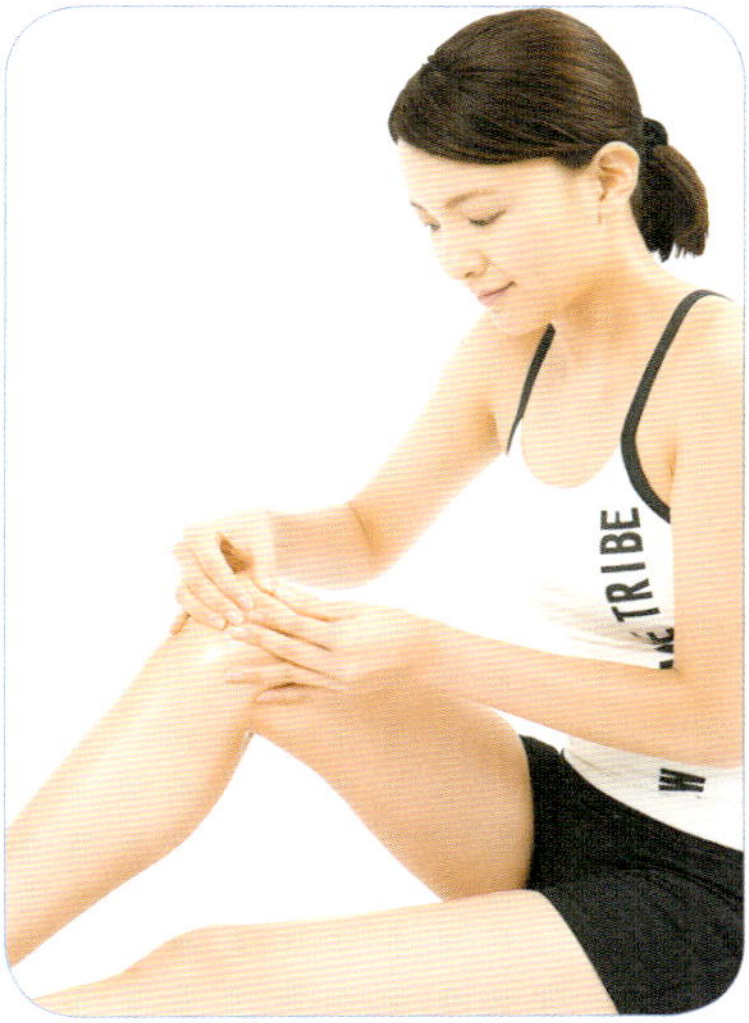


## 4 親指と人差し指で、ひざをつまむ

両手の親指と人差し指を使い、ひざの肉をつまむ。

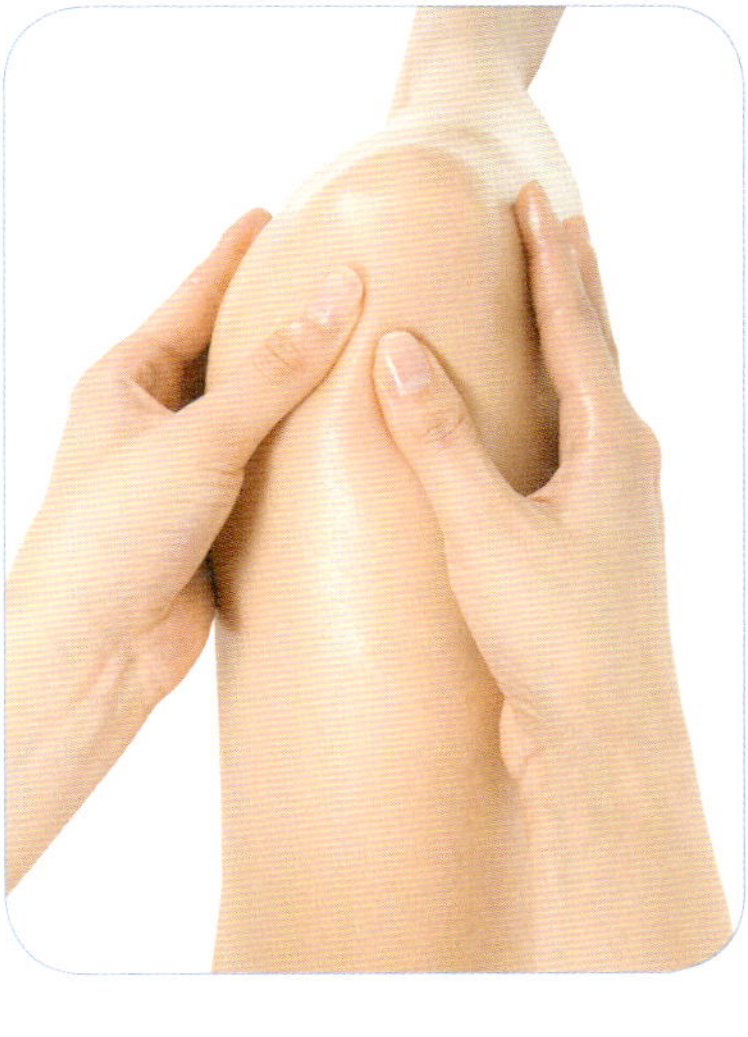

## 5 両手の親指で、流す

両手の親指で、ひざ頭から、ひざの後ろまで、流す。

**1日1回3分の、簡単オイルマッサージ**

ストレッチ

# ひざ上の贅肉解消

ひざ上の贅肉は、おしりや太ももの老廃物が下がってきた証拠！ ひざ上に負担をかけて、老廃物をため込まないようにします。

## 1 ひざをついて座り、両腕を肩まで上げる

ひざをついて座り、両腕を前に出して肩まで上げる。足の甲は床につける。

## 2 ひざから上を後ろに倒す

ひざから上の部分を、ゆっくり後ろに倒す。体のラインは、一直線になるように。首は少し起こしてバランスを取る。

**1分×3セットを目標！**

ツボ

# 脚のむくみすっきり

脚は第二の心臓といわれています。脚の血流をよくして疲れを取り、治癒力を高めるツボの力で、血流のめぐる体にしましょう。

## 1

### 足《あし》三《さん》里《り》を押す

ひざの皿の外側のくぼみから、指４本下のところを押す。全身の血流をよくし、疲れを取り、むくみを解消する。

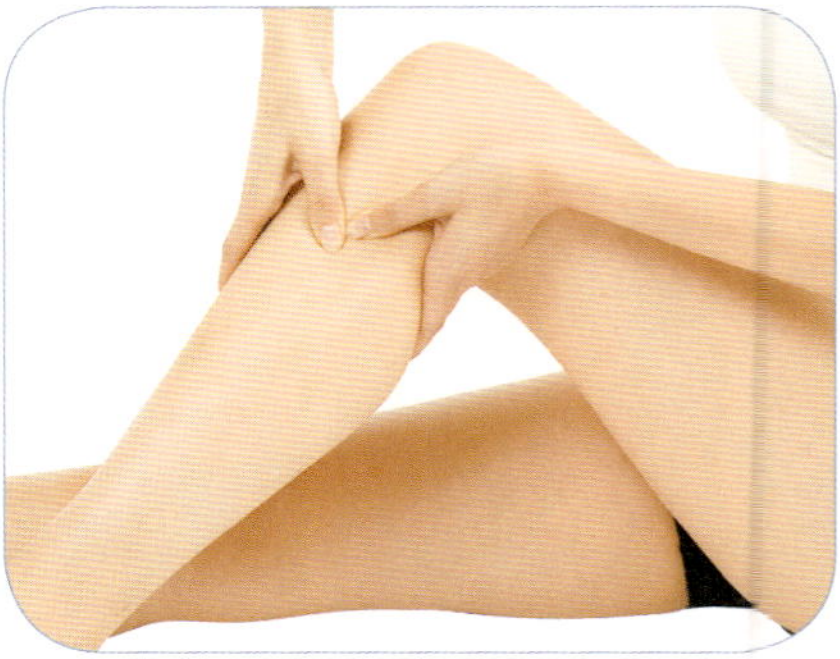

## 2

## 太谿《たいけい》を押す

内側のくるぶしと、アキレス腱の間のくぼんだところを押す。全身の血流をよくし、特に脚のむくみや冷えを改善する。生理痛やだるさ、体の疲れにも効果的。

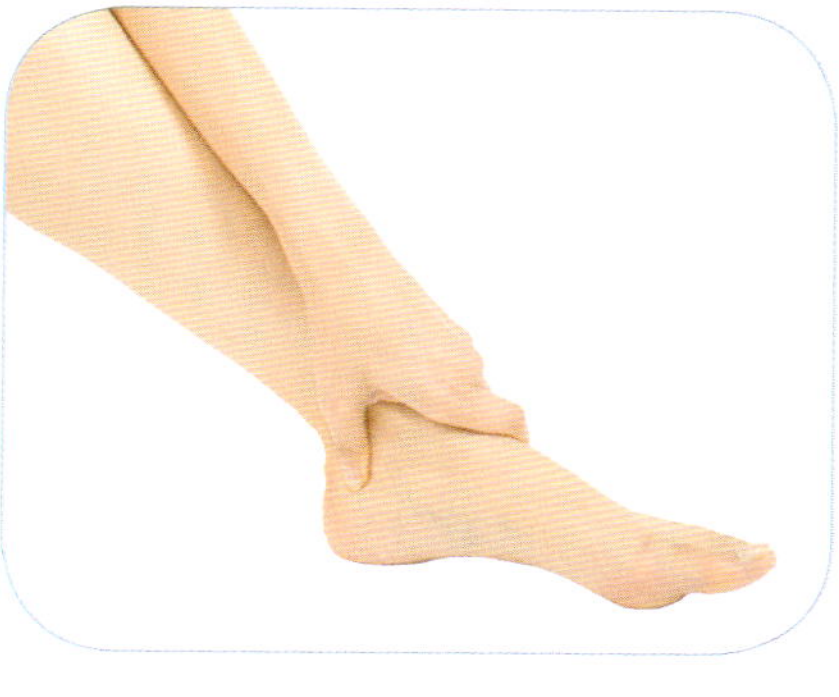

**各ツボを 3 〜 5 秒間（それぞれ 10 回）押す**

骨盤矯正

# 下半身やせ体質に ①

骨盤のゆがみを整えれば、血流がよくなり、老廃物をため込まない体に。骨盤をまわし、ズレを整えましょう。

## ◆骨盤まわし運動

### 1
### 足は肩幅に開き、両手は腰にあてる

足は肩幅に開き、つま先は少し外側に向ける。両手は腰にあてる。

### 2
### ひざは曲げず、腰を水平にまわす

ひざは曲げずに、まっすぐのまま、フラフープをまわすように、腰をゆっくり水平に右にまわす。

## 3

**反対側も同様に**

**右まわし、左まわしを、各 30 回× 2 セット**

骨盤矯正

# 下半身やせ体質に②

骨盤を立たせる筋肉が衰えると、骨盤が後ろに倒れがち。骨盤前後の筋肉をゆるめて、正しい位置にしましょう。

## ◆上半身を前後に倒す

### 1 まっすぐ立ち、足を肩幅に開く

足を肩幅に開き、つま先は少し外側に向ける。両腕は自然に下ろす。

### 2 上体を前に倒す

上体をゆっくり前に傾け、無理のない位置まで倒す。

### 3 腰に手をあて、後ろに倒す

上体を起こして腰に手をあて、ゆっくり後ろに傾け、無理のない位置まで倒す。

10セット行う

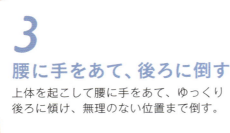

骨盤矯正

# 下半身やせ体質に③

脚のつけ根の筋肉を強化！　ヒップアップにもなる骨盤エクササイズです。むくみや太ももやせの効果も。

## ◆おしり上げ運動

### 1　仰向けになり、ひざを曲げる

仰向けになり、かかとをそろえ、両ひざを曲げる。両腕は両脇にそろえ、手のひらは床につける。

**ポイント**

インナーマッスルも鍛えられ、お腹やせ効果もあります。

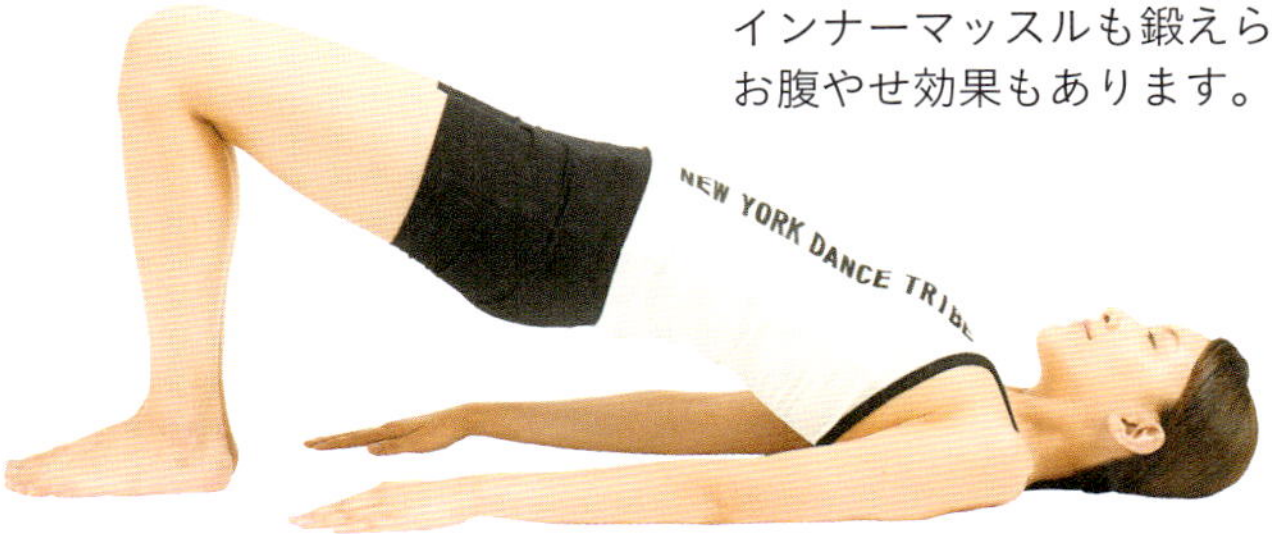


### 2　腰を上げ、体は一直線に！

腰を上げ、背筋を伸ばして1分キープ。骨盤近くの筋肉に意識を集中させる。ゆっくり腰を下ろし、脚を伸ばす。

**1分×3セットを目標**

骨盤矯正

# 下半身やせ体質に ④

骨盤底筋（内臓を支える筋肉）を鍛え、内臓を正しいポジションに。ゆがみを整えながら、ぽっこりお腹も改善します。

## ◆おしり歩き運動

### 1 長座で座り、つま先を上げる

長座で座り、両手は太ももに置き、かかとをそろえ、つま先を上げる。

### 2 両手で、足首をつかむ

左右の手で、それぞれの足首をしっかりつかむ。ひざはできるだけ伸ばす。

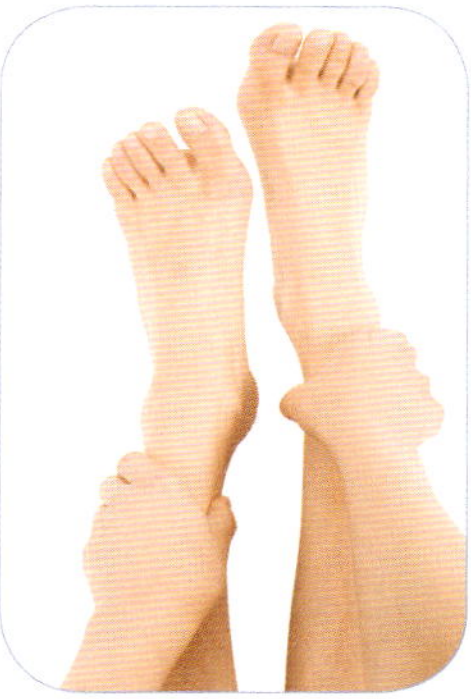

## 3 右の骨盤を前に出す

体を大きくひねりながら、右の骨盤を前に出す。

## 4 左の骨盤を前に出す

体を大きくひねりながら、左の骨盤を前に出す。

**3～4を、3セット行う**

コラム④

# 基礎代謝が低いと、太りやすくなる

同じような食生活をしていても、太りやすい人とそうではない人がいます。また、食事制限をしてダイエットをしたにも関わらず、ある時点から効果がなくなったり、リバウンドで太ってしまったり……。

さらに、若いときと食べる量は変わっていないのに、歳をとって太りやすく感じている人はいませんか。こうした「太りやすさ」の原因のひとつが、基礎代謝の低下（p.10参照）といわれています。基礎代謝が低くなると、カロリーを消費する力が弱くなり、体に脂肪が溜まることにつながるのです。

無理なダイエットをした場合、一緒に筋肉量まで落ちてしまい、結果として基礎代謝が低くなって、逆にやせにくい体質になることもあります。加齢によっても基礎代謝は低下しますので、同じ食生活を続けていても、いつの間にか太りやすくなるケースも多いようです。

この基礎代謝の中でも、実は筋肉（骨格筋）の役割が40パーセント近くを占めていることがわかっています。筋トレで骨格筋を鍛えて増やすと、基礎代謝を上げてやせやすい体質になれる理由がここにあります。

# PART 5

# やせ体質の生活習慣

あなたが太っている原因は？

# その生活習慣が肥満を招く

## 生活習慣を見直してみる

サロンにいらっしゃるお客様と、
面談を重ねていくと、
太っていることを気にしている方には、
共通点がいくつか見られます。
それは生活習慣です。
姿勢、食事、入浴、睡眠など、
基本的なことを見直すようにアドバイスするだけで、
これまで大きな成果を得てきました。
あなたは、どこに問題があるのか、
ここでチェックしてみましょう。
それが美への第一歩になります。

## 生活習慣をチェックしよう！

あなたの生活習慣をチェックしてみましょう。該当する項目に✔を入れてください。

### 運動

- □週に２度ほどしか外出しない。
- □車を使っての移動が多い。
- □散歩にほとんど行かない。
- □特別な運動はしていない。
- □家ではゴロゴロしている。

### 姿勢

- □肩こりに悩んでいる。
- □体がだるいことがよくある。
- □猫背だとよくいわれる。
- □お腹がぽっこり出ている。
- □転ぶことが多い。

### 食事

- □好き嫌いが激しい。
- □ごはんは必ずおかわりをする。
- □ケーキやスナック菓子が好き。
- □肉の脂身を好んで食べる。
- □野菜や豆類が嫌い。

### 入浴

- □湯船には入らない。
- □カラスの行水だといわれる。
- □湯船のお湯は39度以下に設定している。
- □さら湯（一番風呂）に入っている。
- □入浴剤は使わない。

### 睡眠

- □就寝直前まで照明が明るい。
- □就寝前にパソコンやスマホを見る。
- □午前２時以降に寝ることが多い。
- □眠りが浅いと思う。
- □休日と平日で、起きる時間が２時間以上違う。

✔が多いほど、生活習慣を見直す必要があります。

どんなときも、正しい姿勢に！

# ふだんの姿勢がスタイルを決める

## どんなシーンも、正しい姿勢で

姿勢が悪いのは、体がゆがんでいる証拠です。
体のゆがみは、いま現在の自分の
生活習慣から形成されたものです。
ふだんのちょっとした動作やしぐさ、
姿勢から、ゆがみが生じます。
改めないと、一生ゆがんだ体のままです。
体調（生理中）によっては、
姿勢を正すことが辛い日があります。
そんな日は無理をせず、
「○○するときだけは正そう！」など、
日々少しずつ、意識して変えることが必要です。

### 食べているとき

こぼさないようにとの配慮なのか、食べ物にかぶさるようにして食べる人がいます。肩の中にあごが埋まり、お腹はゆるんで前に出て、腰が曲がる……。こんな姿勢で、食べていませんか。また、足を組んで食べるのも、マナー以前に、体がゆがむ原因になります。

## パソコンやスマホの操作をしているとき

一日のはじまりは、メールチェックから……。パソコンのキーボードに向かっていると、ついつい肩や首が前に出て、背中が丸くなる傾向があります。また、スマホを操作すると、首がたれて、やはり背中が丸くなります。意識して背筋をシャンと伸ばし、正しい姿勢を取るように心がけましょう。

## 電車やバスを待っているとき

何も考えずにボーッと、電車やバスを待っていると、緊張感が薄れ、体のゆがみが出やすくなります。右足か左足のどちらかに重心をかけ、腰の位置がずれていませんか。また、つり革にだらしなくつかまって、体全体がゆがんでしまっていませんか。

## テレビを観ているとき

好きな映画やドラマを観るときに、ソファですっかり寛いで、だらしなく座っていませんか。腰を曲げてお腹を出し、背中を丸めてテレビを観るのはNGです。また、テレビ画面の向きと、自分の体の向きがそろっていないと、体をゆがめて観ることになるので、注意が必要です。

食事でやせられるの？

# やせる食事には理由がある

サロンでは、6秒の筋トレにプラスして、徹底した食事指導をしています。毎日の食事でのちょっとした心がけが、やせ体質をつくってくれるからです。特に短期間で結果を出したい方は、ふだんの食生活を変える覚悟が必要です。次の7つの約束を守ることで、2カ月で11キロの減量に成功したお客様もいらっしゃいます。確実にやせる食べ方、ぜひ、今日から実行してください。

## やせる食べ方、7つの約束

### 1 糖質制限をする

ごはん、パン、麺などの炭水化物は、ダイエット中は控えめにしましょう。糖質を控えると、脂肪がエネルギーとして消費されやすくなり、やせ体質になります。

### 2 動物性脂肪を減らす

牛肉、豚肉、鶏肉などの脂肪は、カロリーが高く、体脂肪となって体に蓄積されます。牛肉や豚肉は脂肪分が少ない赤身にするか、脂肪を切り落とします。鶏肉はささみやむね肉を選ぶようにしましょう。赤身はどんどん食べてください!!　筋トレには、高タンパク質が必要です。

## 3 食物繊維の多いものを食べる

きのこや豆類などの不溶性食物繊維は、腸内環境が整って、お通じがよくなります。海藻、果物などの水溶性食物繊維は血糖値の急上昇を抑え、余分な脂質を体外に排出する働きがあります。

## 4 発酵食品を食べる

納豆やみそ、漬物やチーズなどの発酵食品を食べると、腸内フローラのバランスが整って、やせやすい体質になります。さらに、発酵食品のキムチにはカプサイシンが含まれ、脂肪を燃焼させる効果があるといわれています。

## 5 ベジファースト

同じカロリーのメニューを食べても、野菜から先に食べると、食後の血糖値の上昇を抑えられ、太りにくい体になります。

## 6 噛む回数を増やす

ひと口で30回以上噛みましょう。噛む回数が多いと、食べる時間も長くかかります。満腹中枢にサインが届くのは20分といわれているので、少ない量でも、満腹感が得られます。

## 7 夜9時以降には食べない

夕食後、小腹が空いたからと、スナック菓子やチョコレートをつまむのは厳禁です。温かいハーブティーを飲むか、歯を磨いて、早めに眠りに就くことをおすすめします。

3食を、どのように食べる？

# 朝・昼・夜、食べる比重が大事

## 「朝2：昼3：夜1」の法則

本気でやせたいと思ったら、
毎日の食事の構成も変えていかなければなりません。
栄養バランスやカロリーを考えながら、
適度な糖質制限、脂質制限が必要です。
さらに、食物繊維の多い大豆加工品や、
カプサイシンが多いキムチなどの
発酵食品も積極的に摂りましょう。
ベジファーストも大事なポイントです。
そして、1日3食の食事の比重は、
「朝2：昼3：夜1」にするように指導しています。
毎日のメニュー管理が、やせる近道です。

**朝食**

**積極的に摂取してほしい食べ物**

フルーツ（バナナ、キウイ、マンゴー、パイナップル）

**留意点**

- **同じものを毎日食べない。**
  →体が慣れてきてやせなくなります。
- **カットフルーツよりも、ジューサーでジュース状にして飲むと、さらに効果的。**
  →いろいろな種類のフルーツを摂取でき、消化吸収がよくなります。

※たくさんの異なる抗酸化物質（フルーツに含まれる）を同時に摂取することで、はじめてアンチエイジング効果が発揮できます。

**昼食**

### 積極的に摂取してほしい食べ物

・和食を中心としたバランスのよい食事。
・炭水化物を、いつもの２分の１の量に減らす。

**留意点**

●食べる順番が大事（ベジファースト）。

**1 サラダ（レタスなど）**

↓

**2 おかず**

↓

**3 メイン（肉 or 魚）**

↓

**4 炭水化物**

**夕食**

### 積極的に摂取してほしい食べ物

レタス、納豆、豆腐、キムチ、煮物、肉（脂身は除く）、魚（赤身）、海藻など。

**留意点**

●炭水化物をあまり摂らない！
●食べる順番は昼食同様、サラダ（レタスなど）からたっぷり食べる。

## 入浴でやせられる？

# バスタイムを、やせる時間に変える！

### 重曹風呂で、血行促進！

冷え性で悩んでいる人はいませんか。
実は、冷え性と肥満は、深い関係にあります。
体温が下がることによって、血行が悪くなると、
「太りやすい体質」になってしまいます。
冷え性を改善する習慣のひとつが、
バスタイムです。
サロンでは、市販の重曹を使った
入浴法をおすすめしています。
ほんの少しの工夫でも
持続すれば効果は大きいはずです。
基礎代謝を上げて、やせ体質に変えましょう。

**半身浴の10倍以上の効果が！**

温泉にはさまざまな効用があります。自宅のお風呂でも、やせる効果が期待できる入浴剤を使いたいものです。サロンでおすすめしているのが、簡単でリーズナブルな重曹です。血行をよくする効果が高く、基礎代謝が上がり、半身浴の10倍以上の発汗作用が期待できます。

## 発汗作用を高める、重曹風呂の入り方

### 1 入浴前に、お湯を飲む

お風呂に入る前に、お湯をコップ1杯半ほど飲んでおくと、体の中まで温まります。

↓

### 2 湯温は高めに設定する

お湯の温度は、いつもより1～2度ほど高く設定しましょう。湯船に重曹をひとつかみ入れて、塩もひとつかみ加えます。

↓

### 3 湯船にふたをして、蒸し風呂に!

肩まで湯船につかったら、頭だけ出して、体の部分には湯船にふたをしましょう。これで蒸し風呂のような状態になり、15～20分の入浴で汗が噴き出し、十分な血行促進効果が得られます。

### 食用の重曹がおすすめ

湯船に入れるには、食用のものがおすすめです。掃除用のものより安全性が高いからです。重曹は温泉にも含まれ、肌にもやさしい成分です。入浴剤としてそのまま使うだけで効果は抜群なので、ぜひ今日から試してみてください。

眠ることも大事なの？

# 良質な睡眠で、やせホルモンを！

## メラトニンを味方につける

毎日しっかり眠って、気持ちよく目覚めていますか。
一日のうち、４分の１以上は夢の中です。
睡眠不足を繰り返していると、
ホルモンのバランスが乱れ、肥満の原因にも……。
やせ体質づくりには、良質な睡眠が欠かせません。
仕事や家事などで、ストレスも多い中、
どうすればうまく睡眠を取れるのでしょうか。
そこで、いくつかのポイントを紹介します。
美容と健康にもつながる睡眠法を
さっそく今日から取り入れてみましょう。
早起き効果もあり、朝から活力も生まれます。

### 朝日を浴びて、早起きを！

朝の光を体に浴びると、メラトニンの働きを抑制する効果があり、すがすがしい目覚めとなります。朝日が差し込む部屋なら、朝の光で自然と明るくなるカーテン生地を選ぶと、いっそう気持ちのいい朝を迎えられます。

## 熟睡するための、3つのポイント

### 1 夜9時をすぎたら、間接照明に

人間の体の基本は、太陽の光を浴びたら目覚め、日が沈んだら眠気を感じるしくみになっています。夜になっても強い光を浴びていると、眠たくなりません。午後9時をすぎたら、部屋の灯りを間接照明に切り替えましょう。体内時計に合わせ、寝つきをよくする工夫です。

### 2 夜11～1時に就寝

睡眠に深く関わっているホルモンが、メラトニンです。このホルモンは、夜の9時くらいから働きが活発になり、11時くらいには眠気を催す作用があります。人間の体内時計では、このころが一番眠りやすい時間。できれば、夜11時から1時の間に、ベッドに入る習慣をつけましょう。良質な睡眠に誘ってくれるメラトニンは、いわばやせホルモンともいえますね。

### 3 1時間半サイクルを意識して睡眠を

眠っている間に、「レム睡眠」と「ノンレム睡眠」を繰り返しています。このサイクルが1時間半といわれているので、気持ちよく目覚める睡眠時間は、1時間半の倍数である、4.5、6、7.5、9時間がベスト。睡眠不足はよくありませんが、長く寝すぎるよりは、すっきりと目覚める実感も大切です。この「1時間半」を目安にしましょう。

体のこりをほぐすとやせる?

# 肩こりを解消して、やせ体質になる

## 温める・ほぐす・ストレッチ

肩や首のこりの原因は、人それぞれですが、
血行がよくないことは、共通要因のようです。
「血行不良」になると、
老廃物がたまりやすく、結果として、
「太りやすい」体質にもなっていきます。
肩こりだけでも辛いのに、
下半身太りにもつながったら大変です。
そこで、簡単にできる肩こりケアを紹介します。
ちょっと時間が空いたときに、ぜひ試してください。
肩こり症の人は、ふだんからこまめに解消して、
やせ体質への改善を心がけましょう。

### パソコンへ向かう姿勢も、肩こりの原因

オフィスや家庭で、パソコンを使う機会は多くなっています。少し前へ屈むこの姿勢は、血行が悪くなり、長い間続けていると肩こりの原因にもなります。また、テレビや携帯でのゲーム、車の運転なども同じように肩こりにつながるようです。どれも日々の習慣になっている人が多く、肩こりは現代病ともいわれています。

## 肩こりの簡単ケアをはじめよう！

### 1 ホットタオルで温める

フェイスタオルをぬらし、4分の1ほどに折り畳んで、電子レンジでチン！温まったタオルは、体がぬれないようにビニール袋などに入れるとよいでしょう。この状態で首の後ろにあて、手で押さえて首から肩を温めます。このとき、首の後ろで手を組むとラクです。十分に首が温まるまで、続けましょう。

### 2 首まわりをほぐす

まずは肩の力を抜いてリラックス。左の鎖骨下あたりをゆっくりと押し(5秒くらい)、またゆっくりと離します。これを3回繰り返し、リンパ節を刺激します。次に首全体を左まわりに3回、右まわりに3回と大きくまわした後、首を前後に大きく3回、動かします。その後、肩のこっている部分をやさしくもみほぐしましょう。

### 3 首まわりのストレッチ

首に少しだけ力をかけるストレッチです。まずあごを引いて、手であごを押さえて、首の後ろ方向へあごを押します。次に手を離したら、首を大きく動かして上（天井）を見上げます。

### 肩こり解消で、やせ体質に！

時間があれば、肩こりの簡単ケア１～３を続けて行えば効果的です。また、どれかひとつでも、合間をみつけては継続していきましょう。少しするだけでも肩こり解消になり、同時にやせ体質にもなります。

美習慣があったら教えて！

# 美しい生活が、美しいスタイルをつくる

## 美の扉は、誰にでも開かれる

テレビや映画を観ていて、
抜群のスタイルの人を見ると、
自分も、ああなりたいと思いませんか。
その気持ちを持つだけで、
あなたはすでに一歩、美に近づいています。
どうせ無理だからとあきらめてしまえば、
夢は一生かないません。
日々の生活をきちんと整えて、
美しさへの道を歩んでください。
努力すれば、必ず鏡は微笑んでくれます。
もちろん、まわりの人も認めてくれるでしょう。

### ポジティブな考え方をする

新しいことにチャレンジするとき、「どうせ三日坊主だから」とか、「私はやせないに決まっている」とか、「いままで何をしてもダメだったし……」などと考えていませんか。ネガティブになると、何事もうまくいきません。指導者（著者）を信じて、一つひとつ、確実にこなしていきましょう。そして、やせた自分をイメージしながら、努力し続けることが、成功するコツです。

## 鏡で客観的にチェックする

家の中に、姿見を用意しましょう。頭からつま先まで、一日に何度かチェックをします。体がゆがんでいないか、お腹が出ていないか、ウエストのはみ肉はないか。背中にブラジャーが食い込んでいないか……。そして、お肌は乾燥していないか、吹き出物は出ていないか。自分に関心を持ち、状態に合わせてケアすることが大事です。そして注意すべきなのは、うぬぼれ鏡にはならないように。自分自身を客観的に見ることがポイントです。

## OFFでも、きちんとした服装で

家にいるとき、もっとも危険なことは、ウエストのない服装で、一日ダラダラすごすことです。体全体に緊張感がなくなり、すべての筋肉は重力に負けて、特にお腹まわりがダランとゆるみます。体の縛りを解放するのは、眠るときだけで十分。起きているときは、体にフィットした服装を選びましょう。

## 美しさを求め続ける

好きな人のことをいつも考えていると、似てくるといいます。自分がなりたいと思う、女優さんやモデルさんの写真を飾って、しばしば見るようにしましょう。美しくなりたいと願うことが、あなたを美しさへと近づけます。いつまでも輝くために、決してあきらめないで！

\ 境 貴子がお答えします /

# 6秒で下半身やせ Q&A

サロンワークの中で、
お客様からよく聞かれることを
集めてみました。

**Q 6秒の筋トレは、部分やせに効果があるといわれますが、下半身全体が気になる場合は、どうすればいいのでしょうか。**

**A** 本書では、ウエスト、お腹まわり、太ももなど、各部位に分けて、筋トレ法を紹介しています。さらに、それぞれの部位の筋トレは、2～3種類ご紹介しています。その中からひとつ選び、すべての部位で行ってみてください。また、時間に余裕があるときには、本書の筋トレをすべて行えば、徹底シェイプができます。

**Q 6秒の筋トレをはじめてみました。筋肉痛で、2～3日は歩くのも大変でした。大丈夫でしょうか。**

**A** 6秒の筋トレは、筋肉に圧力をかけて傷つけるのが目的です。そして、2～3日で自然に回復して、強い筋肉になります。最初のうちは、筋肉痛になるくらいのほうが、むしろいい兆候です。少し我慢して、続けてみてください。

**Q** **2～3日に1回、6秒の筋トレをしていますが、つい忘れてしまいます。毎日ならいいのですが……。**

**A** あなたが2～3日に1回、必ずすることを思い浮かべてみてください。掃除をする、鉢植えに水をやる、ショッピングに行く……。「2～3日に1回する行動＋6秒の筋トレ」というプログラムができれば、忘れることは少なくなります。奇数の日、偶数の日、ゴミの日などにすることをおすすめします。

**Q** **6秒の筋トレは簡単なので、すぐに飽きてしまいました。**

**A** 3カ月後の目標サイズを設定してみてください。一生のうちの3カ月は、あっという間ですよ。理想の自分を思い描いて楽しんでください。

**Q** **6秒の筋トレは、結構キツイのですが、動きは単純ですし、面白くありません。楽しみながら続ける方法はありますか。**

**A** 素敵なコスチュームを着て、モデルさんになった気分で、鏡の前で行えば、テンションアップ間違いなしです。もっと簡単なのは、好きな音楽をかけながら行うことです。ただ、あまりアップテンポな曲ですと、呼吸法が難しくなるかもしれないので、ゆったりとした曲を選ぶといいと思います。

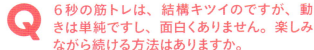

# おわりに

実はもともと、私自身も下半身太りの体型で、にきびやしみの悩みも抱えていました。
そこで、美容の知識を身につけて、自分自身をキレイにしようと思ったのが、
この仕事をはじめたきっかけです。

さまざまな美容の知識を学んで、エステサロンで出会ったお客様と話してみると、
美容業界では当然のことでも、
まったく知らない方が大勢いらっしゃることに、正直驚きました。
そんなお客様にアドバイスさせていただき、
効果を体感していただくことの喜びを知って、現在のサロンを立ち上げました。
美に関するさまざまなメニュー開発を進める中で、美顔エステだけではなく、
体の根幹部分になる骨や筋肉について理解する大切さにも気づきました。
この技術と、あの技術を組み合わせれば、もっと素晴らしい効果が出るのでは？
アイデアを思いつくたびに試行錯誤を繰り返し、独自にアレンジして、
「小顔、骨盤矯正、スリミング」などの、オリジナルメソッドを作り上げました。
本書で紹介した「6秒の筋トレ」も、その中のひとつです。
美顔やダイエットだけを考えていたら、生まれてこなかったと思います。

最近、サロンのお客様で、ブライダルに向けて、
３カ月で10キロの減量に成功された方がいらっしゃいます。

仕事が忙しく、不規則な生活の中でも筋トレに励んで、
食生活も徹底的に見直していただきました。

徐々に効果が出はじめた頃、まわりの皆さんから、「やせましたね！」

「別人みたい！」「すごく頑張りましたね！」と声をかけられ、
その言葉がうれしくて、トレーニングを続ける励みになったそうです。

ほかにも、「体年齢がマイナス５歳になりました！」

「健康診断の結果がよくなり、びっくりしました！」といった声も多く、
体がベストな状態に変わっていくようです。

こうしたお客様からの言葉が、私の仕事を支えてくれています。

最後に、皆さんへは「ダイエットをしていることを公言しないでください」と伝えています。

ダイエット失敗の原因は、プレッシャーとストレスです。

他の人に話したことによって、結果が悪くなることもあるのです。

本書が、皆さんの「理想のプロポーション」への一助になればと、切に願っております。

著者

[著者]
**境　貴子**（さかい たかこ）

美容研究家。1977年、東京都生まれ。世界各国にあるエステや美容法を、実地検証しながら勉強を重ねる。数々の美容本やコラムの制作に携わる傍ら、2010年、ビューティリメディサロン『Salon C』を設立。現在、東京港区2店舗、大阪1店舗の3つのサロンを展開している。2011年、スキンケアオイル『ホットモデリングオイル』の開発にも携わり、マッサージオイル、バスソルトなど、幅広くプロデュース。女性美の探求に努めている。著書に『6秒筋トレダイエット』（マガジンハウス）がある。
Salon C　http://www.salonc.net

制作協力　　株式会社クロト

装幀　　近江デザイン事務所
本文デザイン　　島田利之（株式会社シーツ・デザイン）
撮影　　金子吉輝（DUCK TAIL）
イラスト　　あらいぴろよ
ヘア&メイク　　小笠原ゆかこ（$P^{2}$）
モデル　　大出千尋（イデア）
編集協力　　雨宮敦子（Take One）

**6秒の筋トレで、みるみる下半身がやせる本**

2016年6月17日　第1版第1刷発行
2019年2月18日　第1版第16刷発行

著　　者———境　貴子
発 行 者———後藤淳一
発 行 所———株式会社PHP研究所
東京本部　〒135-8137　江東区豊洲5-6-52
第四制作部人生教養課　☎03-3520-9614（編集）
普及部　☎03-3520-9630（販売）
京都本部　〒601-8411　京都市南区西九条北ノ内町11
PHP INTERFACE https://www.php.co.jp/
印刷·製本所———図書印刷株式会社


ISBN978-4-569-83378-1